思想学术系列

兵家史话

A Brief History of
Strategist School in China

王晓卫 / 著

社会科学文献出版社
SOCIAL SCIENCES ACADEMIC PRESS (CHINA)

图书在版编目（CIP）数据

兵家史话/王晓卫著. —北京：社会科学文献出版社，2011.5（2012.8重印）
（中国史话）
ISBN 978 - 7 - 5097 - 1637 - 3

Ⅰ.①兵… Ⅱ.①王… Ⅲ.①兵家 - 生平事迹 - 中国 - 古代 Ⅳ.①K825.2

中国版本图书馆 CIP 数据核字（2011）第 076005 号

"十二五"国家重点出版规划项目

中国史话·思想学术系列

兵家史话

著　　者／王晓卫

出 版 人／谢寿光
出 版 者／社会科学文献出版社
地　　址／北京市西城区北三环中路甲 29 号院 3 号楼华龙大厦
邮政编码／100029

责任部门／人文科学图书事业部 （010）59367215
电子信箱／renwen@ssap.cn
责任编辑／赵晶华　东　玲
责任校对／李　睿
责任印制／岳　阳
总 经 销／社会科学文献出版社发行部
　　　　　（010）59367081　59367089
读者服务／读者服务中心（010）59367028

印　　装／北京画中画印刷有限公司
开　　本／889mm×1194mm　1/32　印张／6.625
版　　次／2011 年 5 月第 1 版　　字数／123 千字
印　　次／2012 年 8 月第 2 次印刷
书　　号／ISBN 978 - 7 - 5097 - 1637 - 3
定　　价／15.00 元

总　序

　　中国是一个有着悠久文化历史的古老国度，从传说中的三皇五帝到中华人民共和国的建立，生活在这片土地上的人们从来都没有停止过探寻、创造的脚步。长沙马王堆出土的轻若烟雾、薄如蝉翼的素纱衣向世人昭示着古人在丝绸纺织、制作方面所达到的高度；敦煌莫高窟近五百个洞窟中的两千多尊彩塑雕像和大量的彩绘壁画又向世人显示了古人在雕塑和绘画方面所取得的成绩；还有青铜器、唐三彩、园林建筑、宫殿建筑，以及书法、诗歌、茶道、中医等物质与非物质文化遗产，它们无不向世人展示了中华五千年文化的灿烂与辉煌，展示了中国这一古老国度的魅力与绚烂。这是一份宝贵的遗产，值得我们每一位炎黄子孙珍视。

　　历史不会永远眷顾任何一个民族或一个国家，当世界进入近代之时，曾经一千多年雄踞世界发展高峰的古老中国，从巅峰跌落。1840 年鸦片战争的炮声打破了清帝国"天朝上国"的迷梦，从此中国沦为被列强宰割的羔羊。一个个不平等条约的签订，不仅使中国大量的白银外流，更使中国的领土一步步被列强侵占，国库亏空，民不聊生。东方古国曾经拥有的辉煌，也随着西方列强坚船利炮的轰击而烟消云散，中国一步步堕入了半殖民地的深渊。不甘屈服的中国人民也由此开始了救国救民、富国图强的抗争之路。从洋务运动到维新变法，从太平天国到辛亥革命，从五四运动到中国共产党领导的新民主主义革命，中国人民屡败屡战，终于认识到了"只有社会主义才能救中国，只有社会主义才能发展中国"这一道理。中国共产党领导中国人民推倒三座大山，建立了新中国，从此饱受屈辱与蹂躏的中国人民站起来了。古老的中国焕发出新的生机与活力，摆脱了任人宰割与欺侮的历史，屹立于世界民族之林。每一位中华儿女应当了解中华民族数千年的文明史，也应当牢记鸦片战争以来一百多年民族屈辱的历史。

当我们步入全球化大潮的21世纪，信息技术革命迅猛发展，地区之间的交流壁垒被互联网之类的新兴交流工具所打破，世界的多元性展示在世人面前。世界上任何一个区域都不可避免地存在着两种以上文化的交汇与碰撞，但不可否认的是，近些年来，随着市场经济的大潮，西方文化扑面而来，有些人唯西方为时尚，把民族的传统丢在一边。大批年轻人甚至比西方人还热衷于圣诞节、情人节与洋快餐，对我国各民族的重大节日以及中国历史的基本知识却茫然无知，这是中华民族实现复兴大业中的重大忧患。

中国之所以为中国，中华民族之所以历数千年而不分离，根基就在于五千年来一脉相传的中华文明。如果丢弃了千百年来一脉相承的文化，任凭外来文化随意浸染，很难设想13亿中国人到哪里去寻找民族向心力和凝聚力。在推进社会主义现代化、实现民族复兴的伟大事业中，大力弘扬优秀的中华民族文化和民族精神，弘扬中华文化的爱国主义传统和民族自尊意识，在建设中国特色社会主义的进程中，构建具有中国特色的文化价值体系，光大中华民族的优秀传统文化是一件任重而道远的事业。

当前，我国进入了经济体制深刻变革、社会结构深刻变动、利益格局深刻调整、思想观念深刻变化的新的历史时期。面对新的历史任务和来自各方的新挑战，全党和全国人民都需要学习和把握社会主义核心价值体系，进一步形成全社会共同的理想信念和道德规范，打牢全党全国各族人民团结奋斗的思想道德基础，形成全民族奋发向上的精神力量，这是我们建设社会主义和谐社会的思想保证。中国社会科学院作为国家社会科学研究的机构，有责任为此作出贡献。我们在编写出版《中华文明史话》与《百年中国史话》的基础上，组织院内外各研究领域的专家，融合近年来的最新研究，编辑出版大型历史知识系列丛书——《中国史话》，其目的就在于为广大人民群众尤其是青少年提供一套较为完整、准确地介绍中国历史和传统文化的普及类系列丛书，从而使生活在信息时代的人们尤其是青少年能够了解自己祖先的历史，在东西南北文化的交流中由知己到知彼，善于取人之长补己之短，在中国与世界各国愈来愈深的文化交融中，保持自己的本色与特色，将中华民族自强不息、厚德载物的精神永远发扬下去。

《中国史话》系列丛书首批计 200 种，每种 10 万字左右，主要从政治、经济、文化、军事、哲学、艺术、科技、饮食、服饰、交通、建筑等各个方面介绍了从古至今数千年来中华文明发展和变迁的历史。这些历史不仅展现了中华五千年文化的辉煌，展现了先民的智慧与创造精神，而且展现了中国人民的不屈与抗争精神。我们衷心地希望这套普及历史知识的丛书对广大人民群众进一步了解中华民族的优秀文化传统，增强民族自尊心和自豪感发挥应有的作用，鼓舞广大人民群众特别是新一代的劳动者和建设者在建设中国特色社会主义的道路上不断阔步前进，为我们祖国美好的未来贡献更大的力量。

陈奎元

2011 年 4 月

⊙王晓卫

作者小传

　　王晓卫，男，1952年生，重庆人。贵州大学人文学院教授、学科学术带头人，贵州省首届教学名师。从事中国古代文学及古典文献学教学，主要研究魏晋南北朝文学、北朝文化、中国古代兵制史及古籍整理，兼擅传统诗词赋的创作。已出版专著及主编教材近20部，在《中国史研究》、《国学学刊》、《历史月刊》（台湾）、《历史教学》等发表学术论文50余篇，发表旧体诗词数百首、传统赋10余篇。代表著作有《魏晋作家创作心态研究》、《中国军事制度史兵役制度卷》、《中华姓氏谱杨姓卷》、《中国古代文学经典精读》、《六韬全译》、《历代兵制浅说》、《兵家史话》等。

目　录

引 言

在中国五千年的文明史上，发生了无数次大大小小的战争。表面看来，战争带来的往往是血流漂杵，哀鸿遍野，破坏甚至摧毁既有的文明。细加分析，又不尽然。战争有正义与非正义之分，那些正义的战争，正是为了捍卫已有的文明。即使是非难论的兼并战争，往往也促使人类在旧的文明的废墟上建设起更高层次的新的文明。在中国历史上，成汤灭夏，带来的是令人肃然的青铜文化；武王灭商，创造了令孔子梦寐以求的西周文明；秦灭六国，带来车同轨、书同文的大一统局面；南北朝的对抗，孕育了熔南北文化为一炉的盛唐文明；蒙古人进入中原，带来了多种宗教的并存和中外交通的发达；满族入关，带来的也不仅仅是"扬州十日"的血和恨，而是促成了康、雍、乾的盛世局面。当我们诅咒着战争，感叹着"宫阙万间都做了土"的时候，是否想到过，战争对于人类文明并不尽是负面的影响呢？

中国古代的战争有一个突出的作用，那就是造就了中国古代辉煌的军事思想文化。战争使一批批杰出的军事家脱颖而出，他们经历了长期血与火的洗礼，在不同的时空里把握着战争的规律和战场的态势，或者在战略上高瞻远瞩，或者在战术上奇正相生，或者擅长突袭攻坚，或者精于防城守隘，或者敏捷果敢战法迭出，或者沉静如山寓法于无法之中。他们在不同的时空里各擅胜场，在中国军事史上乃至世界军事史上留下灼灼辉光。孙武是最典型的例子，即使在主要依靠现代武器作战的今天，孙武的兵法巨著在军事学上仍有重要意义。其实中国古代何止一个孙武，纵观五千年的军事史，兵家云集，将星棋布，其中巨星煌煌，孙膑、尉缭、韩信、曹操、李靖、戚继光等都彪炳史册，业耀千古。他们的辉煌战绩和军事思想，构成中华五千年文明的一部分。他们不仅活在军事学家和历史学家的心中，还流传于平民百姓的口头。尽管在封建社会，"兴，百姓苦；亡，百姓苦"，但老百姓最爱传述的英雄，往往正是杨业、岳飞这一类将星。

中国古代战争有明显的阶段性。新旧朝代交替之际，往往战争规模巨大，战争时间较长。时势造英雄，在其背景之下，往往兵家与将星辈出，以不同的风格和思路竞英争雄。春秋末和战国时期，各诸侯国不断扩军，战争愈演愈烈，孙武、伍子胥、吴起、孙膑、尉缭、白起、乐毅等应运而生，或先后迭出，或一时俱起，演出了中国古代兵家史上最威武雄壮的一幕。以后，楚汉之际有项羽、韩信等，三国鼎立时有曹操、诸葛亮、陆逊等，隋唐之际有李世民、李靖等，宋元时有成吉思汗等，明清之际有努尔哈赤等。大凡新旧交替的时期，都要出现一批杰出的军事家。在一个王朝统治的时期内，大规模的长期战争相对少些，兵家也相对闲暇寂寞。但经常发生的与周边部族的摩擦，与入侵之敌的交锋，与国内叛乱或起事的武装集团的军事对抗，也造就了一批批著名的军事家。西汉的卫青、霍去病，唐代的郭子仪，明代的王守仁、戚继光，清代的曾国藩、李鸿章、左宗棠等，都是在这种背景之下出现的。即使和平时期，也有兵家潜心研究前人兵法并参以历代战例而写出值得一读的兵书，也有将帅因安思危而积极备战练兵。不过，这种背景下出现的兵家将星，一般不可能达到很高的层次。

中国古代战争有明显的渐进性。从五千年的战争史看，这种渐进性首先表现为战争规模越来越大。周灭商的牧野（今河南汲县南卫河以北地）之战，周兵不过虎贲3000人，甲士4.5万人，只一个早晨便决出胜负。蒙古与南宋的襄阳、樊城（今湖北襄樊）之战，双方用兵数十万，作战持续近5年。这种渐进性还表现为兵器的越来越先进。夏时兵器还以石和木杆为主，到东汉主要兵器已尽为钢铁制品，宋代出现火药兵器，清末军队则拥有了枪炮和铁甲舰。这种渐进性还表现为作战兵种越来越多。春秋以前作战主要靠车兵；到战国步兵成了作战的主要力量，车兵、骑兵和水兵也是战斗的力量；清末的新军，一镇陆军中已有步兵、马兵、炮兵、工程兵、辎重兵、交通兵诸兵种，海军成为独立的军种。这种渐进性使得战争形势越来越复杂，战场态势越来越不易把握，战斗方式越来越讲究整体配合，对军事家的素质也就提出了越来越高的要求。从这个角度看，古代兵家的军事思想也应该是越来越丰富，越来越进步的。

中国古代兵家包括3种类型。

第一种类型：实践型。这一类兵家多为军中将领，甚至是一国全军统帅。他们或起于垄亩，或发于卒伍，或以部族首领的身份而建军立业。他们身经百战，饱受挫折，部署战役往往能显示大手笔，战场指挥大多得心应手。他们指挥的一些战役和战斗，或转败为胜，或以少胜多，或势如破竹，或循序歼敌，成为中国古代军事史上的著名战例。他们或因为戎马倥偬，少有闲暇，或因为性粗质野，本不读书，没有留下传世兵书，也没有形成系统的军事理论体系。但在他们的军事生涯中也常有由实践而生的军事理论的火花闪现，他们留给后人的战例往往蕴含着生动的战略和战术原则。战国时期秦国的白起，西汉的卫青、霍去病，南朝宋的檀道济，辽的耶律休哥，金太祖完颜阿骨打，元太祖成吉思汗，清太祖努尔哈赤等，是这一类型兵家的突出代表。

第二种类型：理论型。这一类兵家多为文人学者。他们少有甚至没有指挥作战的经历，也很少作为高级将领亲自带兵治军。但他们往往勤奋好学，熟读前代兵书，精研古代战例，关注本朝军事形势，或发奋写成兵书，或再三上奏献策，对历代著名战例有精当的分析，提出了一些前人未能道出的战略战术原则或攻守原则。由于他们对战场变化缺乏实际感受，又不能在战争实践中不断总结提高，所以他们的军事思想和作战方略一般不能达到很高的层次。北宋的何去非，明代的尹宾商，明清之际的揭暄等，属于这一类型的兵家。

第三种类型：理论与实践相结合型。这一类兵家是本书要评介的重点。他们或者早年熟读兵书，以后指挥过战役或战斗，长期从戎，熟悉军旅生活，战争实践使他们长年积累的兵学知识得到检验，使原已形成的军事思想和作战方略得到升华。他们或者长期征战，稍有闲暇便读兵书、温史鉴，平居之日便著书立说，总结百战沙场的经验教训，提出系统的治军原则和战略战术。这一类兵家往往研读兵书而不泥于兵书，审时度势，古为今用，留给后人的兵书或军事理论给人以居高临下、厚积薄发的感受。中国古代不少杰出的军事家属于这一类兵家，其中有的达到了极高的境界，如孙武、曹操、李靖、王守仁、戚继光等。

中国古代兵家给我们留下了十分丰富的遗产。这份遗产不仅属于军人，也属于各行各业；不仅是属于中国的，也是属于全世界的。孙武"知彼知己，百战不殆"，"能而示之不能，用而示之不用"，"因敌变化而取胜"等军事理论，被各国商界和企业界发挥得淋漓尽致。孙武、曾国藩等关于军队建设和管理的原则，被许多企事业团体运用到经营或管理上。王守仁的"知行合一"学说在军事上的运用，也为许多西方汉学家所景仰。我们应该珍惜这份遗产，批判地继承这份遗产。为此，我们首先要认识这份遗产。写作本书的目的，就是希望能陪同读者从中国古代兵学宝库的门窗外向里注目一看，至于升堂入奥，则非本书所能办到的了。

一　先秦兵家群体的崛起

 军事形势的变化及兵家

群体的出现

　　先秦的军事形势，春秋中期以前是一个阶段，春秋后期和战国又是一个阶段。在前一阶段，战争规模一般不大，决战时间一般较短，作战形式一般比较单一。夏以前的传说时代，氏族间、部落间经常发生小规模的战斗，地域性部落联盟间的抗争规模稍大些，但作战形式一般比较单一，双方以木、石、骨制的兵器进行搏斗，战败者即向胜利者贡纳方物。夏朝是部落联盟式的早期国家，夏王与联盟各部落首领经常联合起来征服周围的部落，但作战规模仍不大。到商汤攻夏桀，也不过凭借敢死之士6000人，以战车攻击取胜。商的前期也具有部落联盟色彩。到武丁时期，农牧业都有较大发展，国家机器逐步健全，军队中出现师的建制单位，对外用兵每次集兵常在3000人以上。武丁的夫人妇好攻羌方，用兵达1.3万人。西周武王灭商，史称使用兵车300乘，虎贲3000人，甲士4.5

万人，但决战只用了一个早晨。西周主要运用车战，作战时双方列好车阵，车上甲士鞭马驰车，挥戈一击，胜败往往由此而定。战车在平原地带奔驰，或追逐败逃之敌，或仓皇逃离战场，这是西周作战时的常见画面。春秋前期，各诸侯国争霸中原，纷纷扩军，并在政治、经济制度上进行改革，以扩充实力。作战方式仍沿袭西周旧例，战场限于一隅，多为封疆接壤之地，战法仍以一击定胜负为主。著名的长勺（在今山东，具体地点不详）之战，齐军击鼓三通，鲁军方一鼓作气，击败气竭意沮的齐军。胜负一鼓而定，春秋前期的作战基本如此。春秋中期，情况发生了变化。晋国发展经济，整修内政，军事力量空前强大，成为中原霸主。南方的楚国为争霸中原，长期与晋对峙。西方的秦国和东方的齐国也多次与晋较量。战争规模逐渐扩大，战线逐渐拉长，决战时间也出现延长之势，尤其步兵在作战中的灵活性开始引起军事家们的注意，车战阵形也开始由密变疏。春秋末期，战争的目的往往已不是争霸索贡，灭国扩土已成为越来越明确的战略目标。战争规模明显扩大，一次作战往往动用数万兵力。战场已不限于平原地带，吴、楚间的山泽江河也烽烟频起。不仅步兵与车兵协同作战，水战、海战也开始出现。纵深发展、各个击破的阶段性战法，逐步取代列阵决斗的古典式战法，军事形势进入了新的阶段。

春秋后期开始，许多诸侯国发生了深刻的变化。强卿专政，是各大国基本的政治特点。卿大夫转变为新兴的地主阶级，与旧贵族展开激烈的较量。工商业和城市经济在这种较量中得到发展，从而又推动了农业生产力的进步。到战国时代，社会经济向前发展，使各大国占有更多土地和人口的欲望大增，于是纷纷进行全方位的改革，以求进一步充实国力，吞并更多的中小国家。例如：在中央确立国君的权威，在地方发展郡县制度，摧毁世袭的采邑，扩大国家的编户，实行全国统一的土地及赋税制度，建立国家统一的常备军，等等。各大国由于已具有雄厚的政治、经济和军事实力，通过战争以统一天下的目标越来越鲜明，于是战争产生了一些新的特点：第一，规模空前扩大。就人数而言，一次作战动辄用兵和歼敌在 10 万以上；就时间而言，因作战往往以攻城夺地为目标，采取长围久困的打法，为时多在数月乃至数年以上；就空间而言，战线往往由城上城下延伸到远郊旷野、山泽林薮。第二，多兵种配合作战。以步兵为主，车兵、骑兵次之，老弱妇女辅之，共同作战，有时还以水师攻坚。第三，战法多样，战术多变。除正面进攻外，还经常采用截击、伏击等灵活机动战术。第四，战争阴显具备战役特征。一次作战往往包括野战攻防和城邑攻防相结合、退却与进攻相结合、侧翼作战与正面作战相结合等若干密不可分的环节。第五，兵器有长足进步，增强了攻击力和杀伤力。这些战争特点，为造就优秀的军事家群体提供了重要条件。

总而言之，春秋后期开始的军事形势的大变化，向各大国提出了延揽优秀军事人才的迫切要求，战争特点为造就优秀军事人才提供了条件；而随着世袭贵族特权的动摇而崛起的士族阶层，又迎合了这种需要。士人们精研兵法战例，剖析列国形势，形成各自的军事理论体系。先秦兵家群体由是而崛起。他们或朝为布衣，夕为卿相，得以一展雄才大略；或投身军伍，屡建奇功，终于得到国君重用。在这个"争地以战，杀人盈野；争城以战，杀人盈城"的时代，任何一个兵家都不可能局限于纸上谈兵，必须在血与火中去辨别良窳（音 yǔ）。孙武、吴起、孙膑、尉缭、乐毅、白起等就是其中的佼佼者，他们不仅在历史上留下了赫赫战功，也留下了中国悠久文明象征之一的《孙子》、《吴子》、《孙膑兵法》、《尉缭子》等传世兵书。

中国兵学思想的奠基人武圣孙武

生平与著作

孙武是先秦最杰出的兵家，古代兵学的奠基人，他的《孙子》一书被世界公认为现存最早的"兵学圣典"，他也因此被誉为"武圣"。

孙武又称孙子，春秋末吴国将军，约活动于公元前 6 世纪末至前 5 世纪初。字长卿，齐国乐安（今山东惠民县。另有广饶、博兴等说）人，齐国田氏家族后裔。据说他的祖父田书伐莒（今山东莒县）有功，齐景公赐姓孙氏。孙武的父亲曾在齐国为卿。后因田、鲍四族谋乱，孙武出奔吴国。经吴国大臣伍员推荐，得见吴王阖闾。阖闾知孙武能用兵，又见其所著兵法13 篇，遂重用其为将军。传说孙武先在吴宫演练宫女，吴王二姬恃宠违令，被他依军令处斩，初显其治军之才。公元前 506 年，孙武与行人伍子胥、太宰伯嚭辅佐阖闾西向伐楚，在柏举（今湖北麻城东北，一说湖北汉川北）大破楚军，乘胜追击破敌，攻入楚都郢城（今湖北江陵西北）。这就是著名的柏举之战。此战"西破强楚"，"北威齐晋"，史称孙武"与有力焉"。以后，孙武事迹不详。

《孙子》，中国古代最著名的兵书，列为《武经七书》之首。又称《孙子兵法》、《吴孙子兵法》，是世界公认的现存最古老的军事理论著作。全书共 13 篇，分别为计、作战、谋攻、形、势、虚实、军争、九变、行军、地形、九地、火攻和用间，计 5900 余字。《孙子》总结了前代的战争经验，充分吸取前代兵书如《军政》等的精华，结合当时军事实践，从战略和战术角度分别揭示带规律性的军事原则，形成了系统的军事理论体系。《孙子》自问世后，一向为人们所重视。银雀山汉墓出土的竹简本虽为残简，说明当时已很流行。宋代官方颁行《武经七书》为武学必读教材，将《孙子》列为首位，足见其推崇重视。从汉末曹操注《孙子》起，至今关于《孙子》的各类注本已有成百近千。今存世《孙子》，不仅有数十种汉文本，还有西夏文、蒙古文等少数民族文本，另有近 20 种外文译本。

充满朴素辩证法光彩的军事思想

《孙子》是孙武军事思想的结晶，内容十分丰富。

孙武强调"修道保法"、"安国全军"的备战观。

他指出战争关系到军民的生死、国家的存亡，不能不认真考察研究。战争不能仓猝进行，必须有周密的准备，因为"怒可复喜，愠可复悦，亡国不可以复存，死者不可以复生"。国君要慎重对待战争，将帅要随时提高警惕，才有可能使国家安定，军队保全。"安国定国"的重要条件是"修道而保法"。"修道"，指修明政治，争取民心，使"上下同欲"；"保法"，指确保法度不乱。这里的"法"，不限于指刑令军规，还包括要求掌握好土地、物产、兵员及军力的度，己方条件不足不能贸然举兵，敌方法度已乱正是我取胜之时。

孙武主张"不战而屈人之兵"和速战进攻的战略原则。他认为，百战百胜不是绝顶高明，不经交战就使敌人畏服才是绝顶高明。他称不战而胜为"全"，战而胜之为"破"，制定战略目标以"全"为上，"破"次之。所以，上策是挫败敌人的全盘计划，其次是瓦解敌人的外交，再次是重创敌军，攻打敌人的城池只是不得已的办法。不得已而用兵，要先"知彼知己"，进行严密的策划；然后发动突然袭击，"攻其无备，出其不意"，迅速进攻取胜。这就叫"兵贵胜，不贵久"。孙武的战略原则，是根据他所处的时代的经济条件和军事形势确定的。到战国，战略上速战速决的方针已不很适宜，但其"不战而屈人之兵"的战略思想，却以其丰富的内涵影响着后人。

孙武注意灵活的战术指导原则。首先，强调战术指导要趋利避害，转害为利，消除和隐藏自己的弱点，捕捉敌人的弱点，以争取主动。所以他说："不尽知用

12

兵之害者，则不能尽知用兵之利也。"其次，提出变寡为众的战术指导原则。在敌众我寡的形势下，用假象迷惑敌人，造成敌人的错觉，分散其兵力，我方兵力集中于一点，敌方兵力分布于十处，我方就能在全局上敌众我寡的形势下，造成具体作战上我众敌寡的优势。其三，孙武一贯注重"奇"、"正"之变，并以此为战术指导的总原则。两军对阵，以正兵与敌人正面交战为"正"，出奇兵从侧翼攻敌不备为"奇"。他认为，这种奇正相生的原则可应用于各种战术。比如进攻战攻守兼用，我欲走近路，可先走远路以诱敌因贪近路而入我圈套等。孙武的战术指导原则，是对西周"堂堂之阵"的呆板战法的有力否定。

孙武提倡兵将同心的治军原则。他希望民众（尤其是士兵）与国君意愿一致，为君主死，为君主生，都无二心。将帅是实现此目标的关键，将帅须对士兵恩威兼施，即"令之以文，齐之以武"。这"文"，就是怀柔和厚赏，使士卒亲附；这"武"，就是强迫和严刑，使士卒畏服。将帅要处理好"文"与"武"相辅相成的关系，必须兼备智、信、仁、勇、严五条德才标准。这样，将帅对士兵就能爱而能令，厚而能使，乱而能治。

孙武的军事思想充满朴素的辩证法的光彩。他的从现象探求本质、寻找规律的认识方法，他的关于奇与正、利与害、迂和直、乱和治、弱和强、寡和众、攻和守等相互转化的观点，至今仍有启发意义。当然，他的思想中也有愚民愚兵等杂质，但毕竟瑕不掩瑜。

3　吴起的富国强兵和用兵治军思想

生平和《吴子》的性质

吴起（？～公元前 381 年）是战国初期著名的军事家和政治家。卫国左氏（邑名，今山东定陶西）人，曾以孔子的弟子曾子和子夏为师，好研习兵法。初为鲁将，因遭人诽谤，为鲁君所疑，投奔魏文侯。魏大臣李克向魏文侯推荐吴起用兵之才，遂被任命为将。吴起善于抚恤士卒，很受士卒拥戴，且行事清廉公正，被魏文侯委以重任，统兵驻守西河（今陕西、山西间的黄河），以拒秦、韩。吴起在魏，与诸侯数十战，向四面开拓大片土地。后因魏相离间，为魏武侯所疑，遂奔楚。楚悼王早就听说吴起贤能，用为令尹，主持变法，以求富国强兵。楚国很快强盛起来，向南平定百越，向北并陈、蔡，击退韩、赵、魏之军，向西攻击秦国。楚悼王死后，楚的宗室大臣因吴起的变法严重损害了他们的利益，便趁机起兵杀害了吴起。

吴起生活在社会急剧变革的时代，各大国都在寻找富国强兵的途径。吴起厉行变法，站在时代的前列，顺应了历史的潮流。他之后，各大国相机而行，普遍变法图强。

吴起的军事思想集中体现于《吴子》一书。该书是中国古代著名兵书，《武经七书》之一，在战国末年已流传。《汉书·艺文志》称"吴起 48 篇"，《隋书·经籍志》载为 1 卷。今有《续古逸丛书》影宋本及明、清刊本，存图国、料敌、治兵、论将、应变和励士6篇。《吴子》继承和发展了《孙子兵法》的有关思想，在历史上曾与《孙子》齐名，并称"孙吴兵法"。北宋颁行《武经七书》，《吴子》名列《孙子》之后。清代以来，曾有人疑《吴子》为伪作，今学者一般认为不伪。

富国强兵和用兵治军的思想

吴起的军事思想最突出的一点，就是强调富国强兵。要整军治武，必得以国家富强为基础。国家要富强，必须"先教百姓而亲万民"。国家的富强，不仅表现在财力的增加，更表现于政治的修明。"修德则兴，废德则衰"，国家安危，"在德不在险"。富国是强兵的基础，强兵是富国的保证。"安国之道，先戒为宝"，积极备战，可避远祸。

吴起的战争观内容比较丰富。首先，他将战争区分为正义与非正义两种。他认为，战争主要由五种因素诱发：一是争名，二是争利，三是由于国家间的积怨，四是本国或敌国发生内乱，五是本国或敌国发生饥荒。战争的名义也有五种：禁暴救乱叫"义兵"，恃众以伐叫"强兵"，因怒兴师叫"刚兵"，弃礼贪利叫"暴兵"，国乱民疲举事动众叫"逆兵"。"义兵"是正义的，其他都是非正义的。其次，他强调进行战争要以"和"为前提。他指出，国家内部不和，不可以出军；军队内部不和，不可以布阵作战；阵线内部不和，不可以发动攻势；战场上作战意见纷纭，不可以克敌制胜。凡事先"和"，才能行动，"和"是进行战争的

15

重要前提。他主张对战争要采取慎重的态度，反对穷兵黩武。

吴起重视军队的建设。他认为兵不在多，贵在于治。治的标准是：平时一切行动中规合矩，战时威严勇猛富有生气，进攻时势不可挡，退却时敌不可追，前进后退有节度，左右移动合指挥，虽然大军被切断仍能各自为阵，虽然大部队分散各小部队仍行列不乱。这样的军队上下同安共危，天下莫当。要达到这样的标准，一要提高将领的素质。一军之将，要文武刚柔兼备，办事有条理、有防备、有决断、有警惕、有要领。要培养善于把握战机的能力，树立令行禁止的威信。统帅还要具备识别下级将领德才的能力。二要提高士卒的素质。要以"教戒为先"，使士卒先具备荣辱羞耻之心。要采取互教互学的练兵方式，"一人学战，教成十人；十人学战，教成百人……万人学战，教成三军"。训练包括利用地形、理解战法、熟悉战阵、娴于兵器等内容，并注重量材使用。三要赏罚明信，将帅与士卒同甘苦，共安危。四要简募良材，建设先锋突击队。吴起首创考选士卒之法，选拔力大胆勇、速度快捷者组成"武卒"，使之成为名闻天下的精锐之旅。

吴起强调根据敌情制定战略战术。他针对当时邦无定交、士无定主的时代特点，强调在制定战略时要以齐、秦等六国为假想之敌，分析各国民情、经济、政治及军队情况，分别确立对付他们的战略，敌情条件不同，应对方法应该各异。要在不同的军事形势和自然气候条件下，决定利弊和取舍。他指出，两军对阵，要仔细观察敌方旌旗人马状态，由外察内，把握其兵情军心。当发现敌人兵力尚未聚齐、军心尚未稳定、进退尚未定夺时，就要迅速打击敌人，"以半击倍，百战不殆"。他认为，有4种战机切不可错过：一是"气机"，即曹刿所说的"彼竭我盈"、一鼓作气之机；二是"地机"，即处于有利于我的地理环境之机；三是"事机"，即敌人内部不和之机；四是"力机"，即我方武器装备、士兵素质优于敌方之机。抓住战机，要"急击勿疑"。

吴起继承了孙武的军事思想，并有一定发展，对以后尉缭等有较深刻的影响。

 ## 4　孙膑对孙武兵学思想的
继承和发展

孙膑的事迹和《孙膑兵法》的出土

孙膑是战国中期著名军事家，孙武的后裔，活动于公元前4世纪下半叶。齐国阿（今山东阳谷东北）、鄄（今山东鄄城北）一带人。早年与庞涓同学兵法，才能在庞涓之上。庞涓被魏惠王用为将军后，因忌妒孙膑才能，将其骗到魏国，施以膑刑（割去膝盖骨），故称孙膑。后孙膑随齐国使者逃回齐地，先为齐将田忌门客，因用计助田忌赛马获胜，田忌向齐威王推荐其才。齐威王向孙膑问兵法，十分器重他的军事才能，命为军师。

公元前 353 年，魏攻赵都邯郸，赵求救于齐。齐以田忌为将、孙膑为军师，率兵 8 万救赵。孙膑提出乘魏军精锐攻赵，魏都大梁（今河南开封）兵力空虚，以轻车锐卒进攻大梁，魏军必回师救大梁，赵围自解。齐军在派出精锐进袭大梁的同时，将主力隐藏在后。魏将庞涓果然中计，撤邯郸之围，兼程回师。孙膑令齐军主力在魏军回师必经的桂陵（今河南长垣西北）道上截击魏军，重创之，生擒庞涓。这就是著名的"围魏救赵"战法。

公元前 343 年，魏派庞涓率军攻韩。次年，田忌与孙膑率 10 万大军救韩。孙膑仍用"围魏救赵"的方法，诱魏军回师，然后班师回齐。魏以 10 万大军追击齐军，孙膑采用逐日减灶的方法，使庞涓误认为齐军士兵逃亡严重，以骄纵其心。庞涓再次中计，弃其步军，率其轻车锐骑昼夜兼程追赶。孙膑利用马陵（今河南范县西南）道路狭窄、两旁多险隘的地形，埋下伏兵。魏军夜至马陵，疲惫不堪。齐军万弩齐发，魏军大败，庞涓愤愧自杀。齐军乘胜全歼魏军，虏魏太子申。孙膑的名声从此传遍天下，他的兵法广为世人传习。

《孙膑兵法》是中国古代著名兵书，古称《齐孙子》，是孙膑军事思想的结晶。可是，其书自汉以后失传，仅在个别古籍中保存了极少量的佚文。1972 年，山东临沂银雀山一号汉墓竹简出土，近 2000 枚竹简中包括《孙膑兵法》364 简，1.1 万余字，分上、下两编，各 15 篇。沉没了两千年的兵书重现于世。竹简

《孙膑兵法》，可能一部分为孙膑自著，大部分是其弟子所述。它的出土，为我们研究孙膑军事思想和先秦兵学提供了宝贵的资料。

对孙武兵学思想的继承和发展

孙膑论述了取得战争胜利的重要条件。他认为，取得战争胜利至少要有七个条件：一是选卒，二是国家富强，三是赏罚分明，四是得众，五是对敌用间，六是度量敌情和防范危险，七是利用敌人的弱点。具备这些重要条件，战争就能取胜。其中"得众"是"胜之胜者"，"富国"是"强兵之急者"。孙膑还极重视人的因素，认为"间于天地之间，莫贵于人"。如果不能得天时、地利、人和，纵然暂时取胜最终也要遭殃。

孙膑指导作战特别重视灵活机动的原则。他阐述阵法，力主"因地之利，用八阵之宜"。八阵是将全军分为八部，主将居中，八部连环绕于四周，作战时根据地势和敌方状况变幻八部的分合进退。这种灵活多变的阵法，为以后的诸葛亮、李靖等所继承和发展。他部署用兵，力主因敌情和地形而布局，"易则多其车，险则多其骑，厄则多其弩"。马陵之战，就是"厄则多其弩"的范例。

孙膑主张治军要讲究方法。他认为，治军首先要鼓舞士气，所以经常使用"延气"、"利气"、"厉气"、"激气"等词，来强调主将要用多种形式激励士气。他特别重视卒、将、国君之间的协调一致，曾用矢、弩、射者来比拟卒、将、国君间的关系。他说，矢能否中的，在于弩的强弱偏正；弩的强弱偏正，在于射者的心力。其比喻生动新鲜。他还主张"杀士"，即减少员额，建设精干的部队。并主张通过选贤取良和多种形式的教育训练，来提高作战能力。

孙膑的军事思想有不少与孙武相通之处。例如：强调一战而胜，本于孙武"役不再籍"的主张；主张居高临下制敌，显然继承孙武"凡军喜高而恶下"的思想，等等。孙膑根据战国中期战争的新特点，往往把这些问题阐述得更为具体，运用得更加灵活。

竹简《孙膑兵法》出版后，受到中外学术界的普遍重视。遗憾的是，竹简本《孙膑兵法》各篇均有程度不一的残缺，使我们不能更全面地了解和继承这份遗产，这不能说不是一桩千古憾事。

尉缭对先秦兵学思想的总结和发展

尉缭其人与《尉缭子》一书

尉缭是战国后期著名的军事家，活动于公元前4世纪末～前3世纪中叶。史书中提到魏惠王曾与尉缭答对。秦王政十年（公元前237年），尉缭入秦，被用为国尉。由于从魏惠王晚年到秦王政十年，中间历70多年，故有的学者认为魏惠王时的尉缭和入秦的尉缭是两个人；有的则认为尉缭只有一个，他不足20岁即向魏惠王提出富国强兵的主张，到90多岁高龄时又向秦王献计，破坏六国诸侯的合纵策略。依照后一种说法，尉缭入秦不久即因年高而逝，所以他任国尉后没有留下任何事迹，但他为秦王政制定的破坏诸侯合纵的策略，促进了秦统一事业的发展。

传世兵书《尉缭子》是中国古代著名兵书，《武经七书》之一。此书集中反映了尉缭的军事思想。《尉缭子》最初不是一部系统的专著，而是由尉缭及其弟子根据尉缭的言论行事，在不同时期写成的几十篇作品的合编。其中有的取自各家学派军事学说，杂家色彩较浓；有的类似军令辑录。《汉书·艺文志》把这些篇章分别列入杂家和兵家，今本 24 篇兼有杂家的内容和兵家的篇卷。由于《尉缭子》包含丰富的先秦哲学思想、军事思想和军事制度内容，历来为人们所注意，到北宋时即和《孙子》、《吴子》、《司马法》、《六韬》、《黄石公三略》、《李卫公问对》一起列为《武经七书》。近数百年来，不少学者怀疑《尉缭子》为伪书。1972 年，山东临沂银雀山一号汉墓出土的竹简中有的内容与《尉缭子》相同，使伪书之说不攻自破。《尉缭子》是研究尉缭军事思想的要籍。

尉缭兵学思想的高度和局限

尉缭的军事思想十分丰富，包括战争观、战略、战术及治军等许多方面。

尉缭的战争观继承了吴起的思想。他发挥了吴起禁暴救乱为"义兵"的观点，明确地将战争区分为"挟义而战"和"争私结怨"两大类，主张战争目的应为"伐暴乱而定仁义"，对于"无过之城"和"无罪之人"不应该去攻杀。他主张在战争过程中，每占领一地，要迅速恢复当地的安定局面，使"农不离其田业，贾不离其肆宅，士大夫不离其官府"。对于战争中"杀人之父兄，利人之货财，臣妾人之子女"的行径，他表示厌恶和反对。

尉缭在孙武、孙膑军事思想的基础上，深化了战略制胜的思想。他认为从战略上看，战争的取胜有"道胜"、"威胜"、"力胜"3类。"道胜"是在充分分析敌情的前提下，设法促使敌人士气低落、军心涣散，虽然军队形式完整却已丧失作战能力，这是对孙武"不战而屈人之兵"的战略原则的发展。"威胜"是依靠法制健全、赏罚分明、器用便利来坚定大家战斗的决心，这与孙膑"延气"、"激气"的思想有异曲同工之妙。"力胜"即依靠破敌夺土作战取胜。值得注意的是，尉缭讲"道胜"、"威胜"、"力胜"，并不把它们分割为上、中、下策，而是视三者为因时因势而施的策略，三者是相辅相成的。显然，尉缭根据战国时代战争的形势，改造了孙武的战略原则。尉缭继承《孙子》等兵法强调"形"与"势"的统一的传统，创造性地提出了战前、临战、战时"形"与"势"相统一的阶段性战略原则。"形"经常指军事力量，"势"经常指军事力量的发挥。他主张，在战前造成委积充足、赏禄厚重、士选兵强、器用便捷等"形"，以实现"静能守其所有，动能成其所欲"的"势"；临战时要造成攻守皆宜之"形"，以实现战必胜、攻必拔、守必救的"势"；在作战过程中要贯彻指挥专一、先发制人、避实击虚、兵贵神速等原则，以使战斗力由静态的"形"

转化为动态的"势"。

尉缭强调灵活用兵的战术指导原则。关于"奇"与"正",孙武主张"以正合,以奇胜";尉缭主张"正兵贵先,奇兵贵后,或先或后,制敌者也",更强调"奇正多变"的灵活性。关于"动"与"静",尉缭主张"动静如身",要求部队具备灵活机动和突发性的攻击能力。关于守城,他注重守军和援军的积极配合,活动运转,互相策应,如守军要适时出击、援军要给敌人以援救不力的假象等。总之,他强调将帅在战场上要随时保持清醒的头脑,权衡战局,灵活用兵。

尉缭的治军理论非常丰富。首先,他强调以法治军,主张"明制度于前,重威刑于后"。他认为,"凡兵,制必先定","制先定则士不乱,士不乱则刑乃明"。《尉缭子》中保存的《重刑令》、《伍制令》、《分塞令》、《束伍令》、《经卒令》、《勒卒令》、《将令》、《踵军令》、《兵教》、《兵令》等,当是尉缭和其弟子制订的治军之令。其次,他提出,制度既定,还得靠素质良好的将领去执行。尉缭十分推崇吴起,提倡将领要像吴起一样与士卒同甘共苦,同时又严格按军令行事。他以狂妄自大、信息不灵、眼光短浅为将领的三大弊病,主张坚决克服。他认为,将领要不断磨砺提高自己,做到计虑周密、令行如山、善应变化、防微杜渐、行事果断、以礼待人等。其三,他强调有了素质良好的将领,还须有素质良好的士兵。尉缭一方面强调部队平时积极训练,注重实战效果,一方面提出裁减兵员、训练精兵的主张。他的裁减兵员的主张,是对孙膑"杀士"思想的发挥，也是对吴起以后重视选练士卒的风气的总结。

尉缭的军事思想充分吸收了孙武、吴起、孙膑等前辈兵家思想的精华，达到了新的高度，进入了新的境界。然而，他的"使民内畏重刑"等愚民政策，又不可避免地带有时代和阶级的局限性，但这并不妨碍他成为先秦最杰出的兵家之一。

6 白起的军事艺术

白起指挥的著名作战

白起（？～公元前257年）是战国后期著名军事家，征战一生"常胜将军"。又叫公孙起，郿（今陕西眉县东）人。他因善用兵，在秦昭襄王时期屡建奇功，先后担任左庶长、左更、国尉、大良造等，长期为秦国受命统军作战的将军，并因军功受封武安君。他因长平（今山西高平西北）之战秦军死者过半，反对秦王再次攻赵，并两次称病拒绝出任将军，被免为士伍。秦昭襄王五十年（公元前257年），被秦王赐剑自杀，结束其悲壮的一生。他死后，秦国不少乡邑设祠祭祀他。

白起在近40年的军旅生涯中，身经百战，指挥过多次重要的作战，在中国军事史上留下光辉的一页。他指挥的伊阙（今河南洛阳龙门）之战、攻鄢（今湖北宜城东南）郢（今湖北江陵西北）之战、长平之战是战国时期著名的战例。

伊阙之战，是秦军与韩、魏联军对伊阙的争夺战。公元前 294 年，白起在攻取韩国两城后，率军攻韩的伊阙，韩则联合魏军以拒秦。由于秦军兵力不及韩、魏联军的一半，白起先采用静观其势的战术。韩、魏双方也为保存实力而相观望，于是秦与韩、魏联军形成相持之局。次年，白起在充分掌握敌情的前提下，抓住韩、魏两军不愿当先出击的弱点，巧设疑阵以偏师牵制住兵力较强的韩军，而以优势兵力迅猛攻击兵力较弱的魏军。魏军猝不及防，顷刻瓦解，其将犀武被杀。魏军一溃，韩军顿时处于秦军两面夹击的境地，军心顿时大乱，不战已溃。秦军乘胜追击，歼敌 24 万，生擒韩、魏联军主将公孙喜，攻取韩之五城。这次作战的主要特点是奇正相生，以变少为多、变弱为强而制胜。

白起攻鄢、郢之战，发生在公元前 279～前 278 年间，是具有战役意义的秦军重创楚军的作战。白起率军数万，利用楚国内政混乱、民心涣散之机，孤军深入楚地，破楚邓（今湖北襄樊北）、西陵（今湖北宜昌西）和别都鄢等战略要地，然后挥师攻破楚都郢，再向东进取竟陵（今潜江西北），向南打到洞庭湖边。秦在新占土地上置南郡，楚只好迁都陈（今河南淮阳）。这次作战的主要特点是速战速决，以迅速破城瓦解楚军兵心，不追求大规模杀伤敌人，却重创楚军主力。鄢、郢之战是中国古代战争史上深入敌国作战的著名战例。

长平之战是秦军与赵军的大决战。公元前 261 年，秦军在攻破赵数城后，与赵军相持于长平。次年，秦用反间计，先使楚、魏、韩三国与赵疏远，又使赵以缺少实战经验的赵括取代老将廉颇为赵主将，同时秘密令白起到长平任秦军主将。白起利用赵括急于求胜的心理，先以小股兵力挑战佯败，诱赵大军出营追击。然后以奇兵 2.5 万从两侧迅速绕到赵军后方，截断其归路；以骑兵 5000 名飞驰至赵军营垒，阻止赵营守兵出援。白起造成对赵军的包围后，采取战略上长围久困、战术上不断以轻兵袭击赵军的战法，使其既不能突围，又不能安然防守，处于进退维谷的被动境地。与此同时，秦征发 15 岁以上的男子，赶赴长平堵截赵之援军，断其粮道。赵军被围近 50 日，粮草断绝，人相啮食，几番突围都被秦军射回，主将赵括中矢身亡。赵军因无主将，士卒 40 余万集体出降，史传被白起尽数坑杀于长平谷口（今高平西）。这次作战，展现了白起高超的作战指挥才能，在战略战术的运用上灵活机动，对奇正相生战法的把握上炉火纯青。

战略思想与用兵思想

白起一生戎马倥偬，没有给后人留下兵学论著，但他指挥作战的生涯却为后人昭示了卓越的军事艺术。第一，白起注重审视全局，决定战争策略。白起之死，是因他的策略未被秦王采纳。他通过对当时战局的正确分析，反对秦攻赵之邯郸，但秦王不听他的劝谏，轻率发兵进攻邯郸，结果秦军被信陵君大破于邯郸城下。第二，白起用兵，善于从心理上打击敌人。如白起攻破楚郢都后，不是穷追向西逃窜的楚顷襄王，而是回师西向，再战而焚烧了楚国先王宗庙陵墓所在地夷陵（今湖北宜昌东南），给楚国君臣、人民心灵上以沉重打击，作用远胜多歼楚之败兵。第三，白起作战善于各个破敌。他一般不与敌人作正面硬拼，不打消耗战，而是采取分敌为二，各个击破，或先击弱者再合兵击强者等战术。第四，白起用兵以迅猛凶狠著称。由于用兵迅猛，往往能收出敌不意之效；由于用兵凶狠，往往使敌望而生畏，不战自溃。

白起的军事艺术和辉煌战绩，在先秦是空前的，对后人也有深刻的影响。唐宋时期出现了《白起神妙行兵法》、《白起阵书》等托名白起编撰的兵书，反映了后人对这位先秦战将的景仰。

二 先秦诸子的兵学思想

春秋战国时期剧烈的社会变革，带来意识形态领域的空前活跃。各种学派对战争问题各抒己见，是"百家争鸣"在军事上的反映。身处战代，不仅兵家殚精于兵学，儒、墨、道、法诸学派也都以较多精力研究兵学，形成各具特色的兵学思想体系。他们的兵学思想，不仅与当时兵家们的学说争奇斗妍，而且对秦汉以后兵家也产生了不同程度的影响。毫无疑问，儒、墨、道、法诸学派虽非专于兵学，但其兵学思想已构成先秦兵学思想的有机组成部分。

儒家的兵学思想

先秦儒家的兵学思想，集中反映在《论语》、《孟子》和《荀子》等儒学著作中。

儒家的战争观

列为儒家经典之一的《周易》，所反映的时代远在儒家形成之前，其中一些学说对儒家有较深的影响。《周易》主张国与国之间和平共悦，对外亲善以求无咎，对内紧密团结以求吉利。《周易》认为，军事行动是不可避免的，但侵略别人是不利的，防御敌寇则是有利的。为御敌求利，要注重军资的委积，不断改进兵器和防御设施。

早期儒家的战争观，明显继承了《周易》的思想。孔子（公元前551～前479年）读《周易》，韦编三绝，《周易》里的一些军事主张成为他的学说的基础，这些情况在《论语》里有充分的表现。如孔子论为政，把足食、足兵放在重要地位，这与《周易》的主张一脉相承。但孔子把取信于民放在第一位，把人心向背视为估量战争胜败的首要因素，从而发展了《周易》对内紧密团结以求吉利的思想。孔子反对用未经教练的人民去从事战争，主张为将临事要有戒惧之心，要善于谋划并能够实现谋略，因而丰富了《周易》御敌求利的思想。

孟子（约公元前372～前289年）发展了孔子的战争观。他把早期儒家"取信于民"的基本主张发展为"得道者多助，失道者寡助"的著名论断，主张攻伐战取之事是否可行，关键看是否符合仁义，是否符合民意，民悦则取之，民不悦则不取。他以此来判断战争的正义与非正义性质，指出夏桀、商纣是众叛亲离的独夫，成汤放逐夏桀、周武王讨伐商纣是正义的战争。但孟子在强调"仁者无敌"的同时，有忽视兵器作用的倾向，对武器装备的改进也是御敌求利的内容之一缺乏认识。

荀子根据战国后期的新形势，发展和改造了儒家的战争观。他认为以仁诛暴、以义诛不义出师一定奏凯，主张不战而胜、不攻而得的以仁义服天下的战争。这一点，基本是继承孔、孟的学说。同时，他从实际出发，赞赏开辟土地、充实仓廪、改进器械、募选材士、推行赏罚的霸者的做法。这就比孟子通达得多。由此可见，荀子的战争观兼容了法家等一些不同学派的思想。

儒家的治军思想

儒家治军思想的核心，是以"礼治"为根本。这里有必要谈谈后来被列为《武经七书》之一的《司马法》。《司马法》成书于战国中期，但有古远的渊源，其中包括不少春秋乃至西周的军礼条文。《汉书·艺文志》把《司马法》列入礼类，不是没有道理的。我们取《司马法》中军礼条文，与《左传》、《周礼》中所载军礼合观，可以看到，从西周到春秋以礼治军是一个重要的传统。这个传统被早期儒家继承并有所改造。

孔子以"克己复礼"为己任，十分重视礼治与用兵的关系。他认为治理国家要以礼治为根本，国君首先要关注的应是礼仪之事，而不是军旅战阵之事。因为不懂得礼治，也不可能懂得治军用兵。孔子是以礼治为足食、足兵的根本的。

孟子发挥了孔子的思想，力主以礼义教化人民，让人民平时培养出孝顺父母、敬爱兄长、竭诚尽忠、恪守信用的美德。他认为这样的人民可以用木棍击败拥有坚甲利器的敌军。

荀子发展和改造了孔、孟的治军思想。他认为礼治是治国的根本，也是治军的根本，强国强兵要以尊崇礼治和贤人为基础。他说：国君不尊崇礼义，兵力就弱，只有重视礼义教化，养成仁义之师，方能威行天下。值得注意的是，荀子把法家富国强兵的基本主张也纳入礼治的范畴，将礼和法有机地统一起来。在这种思想指导下，荀子提出"隆礼效功"为上的治军原则。礼义与军功并重，兼容了儒、法两家的特色。

2 墨家的兵学思想

墨家学派的创始人是墨翟，即墨子。墨家的兵学思想集中体现在《墨子》一书中。《墨子》中有的篇章是墨子的学说，有的是记录墨子及其弟子的言行，有的是墨子后学及受其影响的学者的学说。墨家的兵学思想，集中表现在非攻与救守两个方面。

墨家的非攻思想

墨家不仅是曾在战国时代显赫一时的学派，也是一个不脱离劳动生产的行会式集团。他们站在小生产者的立场上，反对强攻弱、大攻小的战争，因为这类战争使大批百姓因饥寒疾病而死亡，大批将士阵亡，社会财富严重损失，春种秋收无法进行。墨家认为，攻人之国是最大的掠夺，攻人之国必杀人无数，是最不义的行为。他们主张以德义服天下，希望各国国君认真考察非攻的学说，放弃对弱小国家的攻伐。

墨家的非攻思想充满着矛盾。他们一方面不得不承认，成汤、周武王发动的讨伐夏桀、商纣的战争是正义的，上符合天的利益，中符合鬼的利益，下符合人的利益；一方面又一概否定所有强攻弱的战争，否定兼并战争的历史作用。这样就难以令人信服。墨学在秦以后衰微，理论上的矛盾是一个原因。

墨家的救守思想

墨家反对强攻弱的战争，因而主张对被进攻的小国实施救援，提倡小国加强防御性军事力量。在外交上，墨家主张小国以厚重的礼品、谦卑的言词去交好四方邻国，以争取他们的救援。在防御上，强调修整城池，备齐器械守具，准备好粮草，并做到国君与百姓上下相亲。这种积极防御的思想，是墨家兵学思想中的闪光点。

墨家的救守思想到了战国晚期，派生出相当丰富的城守思想体系。《墨子》一书的最后11篇，专论城市防守的原则、技术和制度，是研究墨子后学城守思想的宝贵资料。《备城门》篇中提出了守城的14条原则，详列了守城战术和方法。《备高临》篇专论对付居高临下攻城法的措施，其原则是以高制高。《备梯》篇专论对付攻城云梯的各种方法。《备水》篇介绍了防备敌人以水攻城的办法。《备突》、《备穴》、《备蛾傅》篇，均从不同角度论述各种具体的守城技术。《迎敌祠》、《旗帜》、《号令》及《杂守》篇，主要论述有关守城的组织纪律、通信联络、兵力部署、后勤保障等方面的制度。这11篇文字，构成了严整的城守思想体系，是墨家救守思想与战国守城实践相结合的产物，在兵家史上有特殊的地位。

道家的兵学思想

　　形成于战国初期的道家强调清静无为，这一主张是其兵学思想的基础。体现先秦道家兵学思想的著作主要是《老子》和《文子》。《老子》一书，可能写成于战国前期，唐代曾有人认为它是一部兵书，清人王夫之也认为它是谈兵者的圭臬。这些都说明《老子》包含着丰富的军事理论。《文子》可能成书于战国后期，基本倾向是道家的，也杂糅了其他各家之言。1973 年长沙马王堆汉墓出土的帛书《经法》，有很多言论与《老子》、《文子》的兵学思想相近，也应视为先秦道家的著作。

道家的非战和慎战思想

　　《老子》对战争基本持反对态度，认为兵器是不吉祥的东西，战争的展开是天下无道的表现，是统治者贪得无厌所造成的。《老子》所向往的是没有战争、不用兵甲的社会。但是，《老子》又看到兵器有不得已而用之的时候，在这种情况下，善于用兵的人不能倚仗兵威，应适可而止，否则物极必反，再强大的军队也会走向衰弱甚至灭亡。

　　《文子》继承了《老子》非战和慎战的思想，认为好战必然导致灭亡，主张小国寡民、不用兵器的理想社会。另一方面，《文子》又把用兵情况分为行义、应敌、泄愤、贪利和骄纵五类，肯定前两类用兵，否定后三类用兵。认为兵可不得已而用之，但不能追求屡战屡胜，因为这样会使得民众越来越疲惫，国君变得骄横，用兵性质就会由前两类变为后三类，国家就一定灭亡。

《经法》以喜好战争、施行勇力、放纵贪欲为三凶，是天下人皆反对的祸患；同时又指出战争由来已久，不能废止，面对侵略不起而抗战也是不行的。但认为任何事物都有个限度，过了限度就是失当，就会遭到天降之殃，因此要得所欲而止，达到抗击侵略者的目的就行了，不要战而不休，由义战变为行逆德之战。

非战和慎战是道家战争观的相辅相成的两个方面，只言道家的非战，不是对道家战争观的全面认识。

道家"柔弱胜刚强"的战略战术思想

《老子》认为，天下最柔弱的是水，而攻坚克强却天下无比。在此认识基础上，该书提出了"柔弱胜刚强"的战略战术思想。在战略上，主张不争天下之先，不做主动进攻者，而要做应敌自卫者；不追求攻占敌方一寸土地，而应退守本土，以衰兵胜敌。在战术上，主张用兵出人意料，示敌以弱而诱其深入，想要战胜敌人，先要给他们一点甜头；战场上不能凭武勇办事，不能意气用事，不能轻敌大意，而应贵柔守雌。

《文子》认为，战胜敌人靠兵力强大，兵力强大靠善用人力，善用人力靠能得人心，能得人心靠在上者自身素质修养，在上者自身素质修养靠的是谨守柔弱的原则。这种思想与《老子》已有所不同，但基点仍是贵柔守雌。在战略上，《文子》有新的发挥，提出要以若干小的不胜来换取最大的胜利，通过积德立威来削弱敌人的力量。这些观点丰富了道家"柔弱胜刚强"的思想。在战术上，《文子》对用奇作出新的解释，主张用己方的镇静去制服敌方的躁进，用己方的整治去制服敌方的忙乱，用己方的饱暖去制服敌方的饥寒，用己方的闲逸去制服敌方的劳顿。认为这样虽然实力相当，但用奇的一方却能战胜不善用奇的一方。

《经法》以积极进取的态度阐扬了道家"柔弱胜刚强"的思想，主张取法阴柔之道，能战却示敌以不敢战的表象，使敌人认为己方形势不利。主张坚守此道以待敌变，伺敌处于困境再趁势击敌。

道家"柔弱胜刚强"的战略战术思想，核心是示弱诱敌，后发制人，以退为进，以静制动。这些思想对后世兵家有极大的影响。

法家的兵学思想

法家是战国时代代表新兴的统治阶级的学派，主张以法治国，富国强兵。《管子》、《商君书》、《韩非子》等书，包含着法家丰富的兵学思想。《管子》，托名春秋前期齐国政治家管仲所作，实际是战国中期齐国稷下学者的共同作品，包容各家学说，其《七法》、《法法》、《兵法》等论兵之篇，主要思想倾向属法家。《商君书》旧题商鞅（约公元前390～前338年）撰，实际是商鞅后学收集其言论并杂以战国晚期人论述而成。《韩非子》大部分篇章为韩非（约公元前280～前

233 年）所撰，但也掺杂了为数不多的他人著述。

法家的富国强兵思想

法家主张富国强兵，实现这一目标的基础是发展国家经济，尤其是发展农业。《管子》指出，守住领土关键在守城，守住城池关键在军队，军队的保障在民众，民众所依赖的是粮食。所以，富国一定以粮食为基础。发展粮食，搞好经济，是修明内政的重要标志。内政修明，才能保证战争的胜利。由此引申开来，《管子》并不反对战争，但却不主张长年征战。因为长年征战，将严重影响农业生产，使国贫民饥，兵败失地。

《商君书》主张以战去战，以强大的军队去夺得天下。为达到这一目标，必须重战与重农相结合，以此为富国强兵的纲领。它提出，国君要教育人民专心从事耕战，即使粮仓充盈也不能放松农耕。要立法以保证耕战的推行：人们获取利禄官爵，只能走耕战这一条道路；压制和取缔那些妨碍农战的说客、游士和商贾等，重罚那些弃农畏战的人；广招韩、赵、魏的人民来秦国垦荒务农，并给予他们免除一定时期赋役的优惠，等等。

《韩非子》高度赞扬商鞅使耕战之士显贵的做法，认为这样能使国君地位尊贵稳固，使国家逐步走向富强。韩非指出，不重视农业，不作好战守的准备，使耕战之士困穷，蓄积财物寡少，是亡国的征兆。韩非也主张奖励耕战，但反对商鞅机械地以此赏功、赐爵、升官，而认为委任官员主要应看智能、才干。

法家重战重农，强调由此而实现富国强兵，是切合当时国情和战争需要的。这些主张对后世兵家的后勤供给思想和积粮备战思想有较深影响。

法家以法治军的思想

以法治军，是法家法治思想在军事建设上的突出表现。

《管子》主张以刑、赏治军，做到令行禁止。认为治理军队最首要的就是法令。没有号令，就不能指挥下级；没有刑罚，就不能威慑兵众；没有禄赏，就不能激励大众。行刑用赏，必须分明。赏罚如无信用，士兵就不会为气节而死。因此，不能滥赏亲近者和尊贵者，不能忘记关系疏远者和卑贱者的功劳。《管子》还强调把法令精神贯穿到军事训练中去，要求将士慎重地执行各种号令，熟知各种旗帜的用途，娴于各种器械，心与眼、耳、足、手训练如一，对金、鼓、旗各自的号令作用区分严格。

《商君书》也主张用重刑厚赏治军。通过重赏使人民战而忘死，通过重刑使人们畏而避之，以此造成"乐战"的社会风气。赏赐在前，斧钺在后，战士前仆后继而战，军队就无敌于天下。具体而言，厚赏就是把利禄、官爵的赐予集中到战功方面，重刑就是从卿相到平民凡违令犯法者一律严惩。《商君书》主张在军中推行连坐之制，军中五人编成一伍，用徽章加以区别，用军令加以约束。这种制度还扩展到乡里，1 人违犯军令遭处死，家中父兄妻子也连坐处死。《商君书》中的这些主张，以"民弱国强"为指导思想，认为人民老实守法国家才能富强，带有明显的愚民色彩，这是应当扬弃的。

《韩非子》以不务德而务法为治军的基本精神，也强调重刑厚赏。主张用法令教化士兵，反对儒家的礼乐教化。主张以官吏为老师，以斩首杀敌为勇敢。主张依法令程序选拔将领，猛将一定要从基层队伍中拔擢。将官要经过逐级考核、升迁，渐至高位。考核的办法，一方面看其实践经验，一方面验证其智慧能力，反对只看军功和以钱谷买官。主张将领以赏罚驭下，反对将帅亲冒矢石、身先士卒。《韩非子》的治军思想有高于《管子》、《商君书》之处，但也有一定的片面性。

 5 杂家的兵学思想

杂家是战国时代兼包儒、墨、名、法诸家学说的学派。其特点是不泥于一家之说，综合各家学说而形成治国治军的思想体系。杂家的兵学思想，主要见于《六韬》和《吕氏春秋》。《六韬》被宋朝编入《武经七书》，作为武学必读的教科书。相传它为姜太公吕望所作，实际为后人所著，成书约在战国晚期至秦汉之间。《汉书·艺文志》儒家类著录有《周史六韬》6篇，即今天所见的《六韬》。《六韬》中有的思想导源于《尚书》，与《孟子》等儒家著作相合处较多。《汉书·艺文志》将其列入儒家，是不无道理的。但《六韬》中讲盈虚变化、无为而治等，确有道家色彩；讲名实关系，又有名家特征；讲信赏必罚，亦有法家特点；讲五音与五行相配，还有阴阳家的味道。总体看来，《六韬》没有明确以一家思想贯穿其学说，而是综合各家而立论。把《六韬》列为杂家著作，更符合其实际。《吕氏春秋》是战国末秦相国吕不韦集合其门客共同编撰的。吕不韦编此书的目的，在于总结此前各家各派的治国经验，为秦统一天下提供系统完整的思想和策略，是典型的杂家著作。总之，《六韬》是一部内容丰富的兵学；《吕氏春秋》有不少篇幅纵论军事，其所包含的杂家兵学思想亦是相当丰富的。

杂家的战争观

《六韬》的战争观明显综合了儒、法两家的思想。书中提出：天下不是一个人的天下，是天下人的天下。与天下人同享利益者就可取得天下，专擅天下利益的人则会失掉天下。同时又强调事权必须专一，君威不可由他人夺去。进行战争，先要隐蔽地蓄积力量，时机成熟就正大光明地进攻敌人。不仅要用武力对付敌人，还要用非军事手段削弱敌人。不仅要研究对敌方略，还要注重己方力量的强化。强化己方力量的关键，一是不能疏远宗亲，二是不能怠慢大众，三是抚慰身边能人。在物质准备上，则要大力发展农业、手工业和商业，使粮食充足、器用充足、财货充足。由于博采各家之长，《六韬》的战争观比较全面，较少片面性。

《吕氏春秋》继承儒家的民本思想，主张用兵以信义为主，在上者要专行德义教化，使民众与在上者相亲，乐于去冲锋陷阵。在此思想基础上，提出了著名的"义兵"论。认为古代圣王有正义的战争而不废弃战争，善于运用战争可以造福民众，正义战争是救治社会危亡的至上良药。诛杀暴君、拯救人民的战争，人民无比喜悦，奔走呼号而响应。《吕氏春秋》进一步指出：攻伐和救守，本质是一样的。指责攻伐的人，却又采取用兵的手段去救守，这样做是助长暴君的罪过，阻碍正义战争的进行。所以，扰乱天下、祸害人民的言论，莫过于救守之说。该书指出，只要是正义的，去攻伐也可以，去救守也可以；只要是非正义的，去攻伐不可以，去救守也不可以。《吕氏春秋》以鲜明的观点为秦统一天下大声疾呼，对墨家的救守思想进行了猛烈的攻击。

杂家的战略战术思想

杂家的战略战术思想具有综合各家学说的突出特点。

《六韬》兼收孙武等兵家之论，主张因敌方的变化而创造战场的有利形势，靠将帅的智虑去运用奇正之法；用兵方略要秘而不宣，军队行动前就要稳操胜券。认为不战而屈人之兵是最好的战法，后发制人可以事半功倍。作战要善于造成神妙难测的态势，要利用敌方士气的盛衰、战阵的治乱和军纪的严弛来预见胜负。布阵要根据天象、地形、人事来设置天阵、地阵、和人阵。突围贵在急速突击，反击贵在分兵奇袭。两军对阵，要善于运用迂回和伏击等战法。攻城围敌，要长围断援，并加强对敌的心理攻势。军中的通信联络，要依靠不同形制的阴符和阴书，以确保军情传递的秘密性。《六韬》还讲到通过望气来预测战争结局等，有阴阳家的气息。

《吕氏春秋》尤其强调用兵贵在因时因势而制宜的思想。它指出根据敌方险阻态势来强化己方的防御与攻击设施，根据敌方的谋略动向来调整己方的方略，就永远不会陷入被动的困境。因时因势制宜，一方面要挖掘己方不可战胜的因素，一方面不能只看到敌方的弱点而轻敌疏慢。必胜之军，行动要隐秘收缩，军力要蓄积统一，对敌要用诈而又不滥施诈术，攻击要迅疾如同闪电。

需要指出的是，杂家的兵学思想综合各家之说，精华与糟粕杂出，内容丰富而又时相冲突，读者当持批判继承的态度。

三 秦汉兵家注重实践的特点

 战争特点及其对兵家的影响

秦统一中国后，建立了中国第一个统一的专制主义封建王朝。经历了战国末的长期激烈战争，中国遍地疮痍，急需休养生息。但是秦始皇扫平六国后，未能迅速调整滥征民力的政策，沿袭战时惯制，大规模征用民丁筑长城、修宫室、治驰道，大规模谪民为兵，北向以 30 万大军攻匈奴，南向以 100 万士兵夺岭南。人民没有因为国家的统一而减轻劳役和兵役负担，大量荒芜的土地得不到耕种，国民经济发展缓慢。秦二世时，统治阶级内部发生动乱，形成社会危机。

公元前 209 年，陈胜、吴广鼓动戍卒起事于大泽乡（今安徽宿州东南），揭开了反秦战争的序幕。以后关东六国故地各种反秦武装蜂起。他们在反抗暴秦的同时又互相猜疑乃至互相攻杀，因此而先后覆灭。最后剩下项羽和刘邦两支军队，终于推翻了秦王朝的统治。

反秦战争刚一结束，项羽和刘邦为争夺天下又进行了著名的楚汉战争。双方相持4年。刘邦因注意延揽英才，得萧何、张良、陈平等辅佐，又倚重韩信等大将统军作战，先后以汉中、关中为后方，军事力量由弱到强，最后由防御战转为进攻战，消灭了项羽的军队，重新统一中国，建立西汉王朝。

刘邦建立西汉王朝后，分封同姓子弟诸侯，导致地方割据势力膨胀，引发了景帝时的吴楚七国之乱。名将周亚夫平定七国之乱后，汉廷不断采取措施削弱诸侯王国的力量，加强中央集权。同时，注意休养生息，恢复和发展生产，国民经济稳步上升。汉武帝时，因国力雄厚，改变以前对匈奴的"和亲"政策，组织军事力量多次进击匈奴，前后历时43年，迫使匈奴远遁漠北。以后，汉昭、宣、元帝时期，军事上一直对周边部族保持优势，经济也得到持续发展。汉成帝以后，权臣贵族对土地的兼并带来日益严重的经济危机，朝政腐败及外戚专权带来日益严重的政治危机，最后外戚王莽以新取代汉。王莽上台，进行了一系列脱离实际的改革，遭到失败后又代之以暴政，从而引发了反对新朝的战争。反对新朝的武装中，以绿林军和赤眉军最强大，但他们推翻新王朝的果实却被刘秀篡夺，其军队也被刘秀消灭。刘秀成为东汉的开国皇帝。

东汉初，除少数几次战争外，休养生息50年，国民经济恢复了元气。汉明、章、和帝时期，多次大败匈奴，使匈奴从此不再能威胁中原。东汉中后期屡屡对西边的羌人作战，前后延续60年，虽然最终把羌人镇压下去，但社会经济也因此而严重衰退。东汉后期天灾频仍，朝廷内外戚与宦官的斗争、清流与浊流人士的斗争，又加剧了社会的矛盾。灵帝时期，太平道首领张角领导黄巾军向东汉王朝发动猛烈进攻。黄巾起义最终在汉廷大军和地方豪强武装的联合进攻下失败，东汉从此进入地方军阀割据混战的境地，中央王朝名存实亡。

秦汉王朝进行的战争，主要表现为对周边部族和内部反抗王朝统治的武装的作战。战争的规模一般都比较大，往往用兵数十万，兵分多路联合作战，战线绵延数十里乃至数百里。骑兵在作战中的地位越来越重要。战争多战役、多阶段的特点越来越突出。用兵韬略越来越丰富。这些特点，使得当时人对兵学发生特别浓厚的兴趣，学习和整理兵书成为普遍的风气。在出土的汉简中，兵书占有相当大的比例。张良、韩信、任宏等对兵书的整理，亦说明这种风气的盛行。丰富的战争经验和长期的研读兵书，造就了一批优秀的兵家，在兵家史上留下生动的一章。

兵形势家项羽

极富传奇色彩的一生

项羽（公元前233～前202年）是秦汉之际反秦起义军首领，军事统帅。名籍，字羽，下相（今江苏宿迁西南）人。楚国名将项燕之孙。少时从叔父项梁学兵法，粗知其意，却不能学到底。23岁时，见秦始皇巡游威仪，脱口而说："彼可取而代也！"次年，杀会稽（治今江苏吴县）郡守，助项梁起兵响应陈胜。陈胜死后，项梁找到楚怀王名叫心的孙子，仍立其为楚怀王，以号召楚故地人民。项梁战死后，项羽归楚怀王节制。怀王以宋义为上将军，项羽为次将，与秦军相持。宋义不思与秦决战，只顾饮酒作乐，不管士卒饥寒交迫。项羽怒而杀宋义，自统大军，渡过漳河，破釜沉舟，大败秦军于巨鹿（今河北平乡西南）。又在漳南（今河北临漳附近）再败秦军，逼秦将章邯举军投降。后怀疑秦降卒心中不服，坑杀其20余万。入关后，杀秦降王子婴，烧宫室，收秦宫货宝、妇女。秦亡后，项羽自号西楚霸王，都彭城（今江苏徐州），封诸侯18个，令他们分据各地，其中刘邦为汉王。次年派人杀楚怀王。不久，因放松了对刘邦的防范，被汉军攻下彭城。项羽以轻兵袭击汉军，获得大胜，追杀汉败卒10余万，险些生擒刘邦。此后，一克荥阳（今河南荥阳东北），两夺成皋（今荥阳西），保持着对汉军作战的优势。由于不重视建立巩固的后方，又不善抚恤将士，缺乏全面筹谋，喜凭一己之勇作战，不久失去对汉军作战的主动权。到公元前203年，因粮尽而与汉议和，以鸿沟（从荥阳以北向东流至今开封附近，折向南流，至今淮阳东南入颍水）为界，西属汉，东属楚。议和以后，项羽率兵东归；汉军却乘势追击，但因韩信、彭越未来会合，在固陵（今河南淮阳西北）大败于楚军。这时刘邦采用张良的建议，答应给韩信、彭越以大片封地，两人遂率军与刘邦会合于垓下（今安徽灵璧东南，一说今河南鹿邑东）。项羽被围，夜闻四面皆楚歌，突围南走。公元前202年，项羽退至乌江（今安徽和县东北），被汉军追击，因无颜见江东父老，不愿渡江避难，下马步战，杀汉军数百人，身受伤10余处，自刎而死，结束了其极富传奇色彩的短暂的一生。

项羽征战八年，时间不算长，但作战不已，有丰富的战争经验和高超的作战艺术。他自称："身经九十余战，所当者破，未尝败。"的确，他在具体的作战中很少失败，甚至被刘邦追击到固陵时还能反噬一口，大破汉军。然而就整个楚汉战争而言，他却是最大的失败者。据《汉书·艺文志》，他写有兵法1篇，惜早已亡佚。

从项羽的作战艺术看兵形势家的特点

巨鹿之战和彭城之战，是项羽指挥的著名战例，其作战艺术在这两次作战中得以充分展现。

巨鹿之战发生在公元前207～前206年。赵地的反秦武装被秦军围困在巨鹿一带。项羽斩宋义后，见援赵诸军都不敢与秦军作战，遂遣英布、蒲将军领兵2万，渡河救巨鹿，初战胜利。项羽乘势领本部5万兵渡河，把战船全部沉毁，炊具全部打破，庐舍全部烧掉，每人只带3天的干粮，以示全军不获大胜，一人也不打算生还。楚军呼声动天，无不以一当十，屡败秦军，最后俘获20万秦军的主将王离，杀其副将苏角。巨鹿之围得解，原来持观望态度的援赵诸军都服属项羽。项羽率本部与诸军从南北两边夹击章邯统领的秦军，在三户津（今河北磁县西南）、汙水（漳河支流，今已涸绝）连破秦军，逼迫章邯率军请降。这一战，项羽运用置之死地而后生的原则，充分鼓动楚军将士杀敌的豪情，实现对秦军主力的全歼，为推翻秦王朝立下第一奇功。

彭城之战发生在公元前205年。这年三月，汉王刘邦联合项羽分封的诸侯，合兵56万，东向伐楚。这时项羽正率主力在齐地与田横作战，汉军乘机攻占楚都彭城。项羽闻知汉军伐楚，留诸将继续在齐地作战，自己带领3万精兵，南向从鲁（今山东曲阜）经鱼陵（今山东鱼台东南）奔赴彭城。楚军进抵彭城时，先向西以迅雷不及掩耳之势收复萧县，切断汉军西归之路。凌晨东向猛攻汉军，直至彭城，激战到中午，大破汉军。汉军先向北败溃，被楚军逼入彭城东北的谷水、泗水，死10余万人。汉军余部向南退入山中，被楚军追击到灵璧东边的睢水上，又被射杀、淹死10余万人。楚军形成数道包围圈，把刘邦团团围住，意图生擒。幸遇大风骤起，沙石飞扬，刘邦总算趁乱率数十骑乘机逃遁。这一战，项羽率兵远程奔袭近千里，先取萧县断敌归路，再选择凌晨发起进攻，战法巧妙，战机选择得极好。而汉军进入彭城后，每日宴饮，做梦也想不到楚军会来得如此快速。项羽以3万精兵攻敌数十万，夺回失地，歼敌20余万，创造了中国战争史上以少胜多的奇迹。

项羽精于作战艺术，《汉书·艺文志》把他归入兵形势家。兵形势家的特点是："雷动风举，后发而先至。离合背向，变化无常，以轻疾制敌者也。"用以概括项羽的作战艺术，相当准确。但项羽在战争策略和阶段性战略的制定方面显得目光短浅，又不注意用将策略和发展后方，导致其最终由优势变劣势，由主动变被动，以致兵败身亡。

兵权谋家韩信

生平与被害缘由

韩信（？～公元前196年）是秦末汉初著名军事家。淮阴（今江苏淮阴西南）人。少时家贫，寄食于人。曾乞食于漂母，受辱于屠儿。始从项梁，不久为项羽郎中，屡屡向项羽献计，不用。后归汉，为治粟都尉，得萧何激赏，却不受刘邦重用，乃不辞而别。萧何追回韩信，竭力向刘邦推荐其才，被拜为大将。韩信始拜将，即向刘邦分析项羽与刘邦的短长，协助刘邦制定了还定三秦以定天下的方略。以后，韩信指挥了著名的破魏之战、破赵之战、潍水（今山东潍河）之战，为汉军由劣势变优势、由被动变主动建树了头功。公元前202年，韩信参加了垓下（今安徽灵璧东南）之战的指挥。楚军方破，刘邦即夺其兵权，把他由齐王改封为楚王，都下邳（今江苏邳县南）。公元前201年，有人上书诬告其谋反，因无实据，贬为淮阴侯。他知道刘邦畏惧他的军事才能，从此称病不朝。公元前196年，被人告发与陈豨通谋欲反，吕后与萧何诈其入宫，斩之。韩信之死，主要在于他功高震主。另外，他自潍水之战后，自请为齐王，垓下之战时，又在得到刘邦封地的许愿后才发兵，刘邦对他早有疑忌之心。他有非凡的军事天才，政治斗争的水平却不高明。

从韩信用兵看兵权谋家的特点

韩信善于将兵，与他喜读兵书、谙熟兵法有密切关系。他曾为刘邦申明军法，著兵法3篇，又曾与张良一起整理前代兵家著述。他是文武兼备的军事天才，不仅善于作战指导，还精于战略策划和部署。所以，《汉书·艺文志》把他归入兵权谋家。

首先，韩信对刘、项双方形势作出精辟分析，为刘邦制定了正确的战略。他指出，虽然表面上项羽的军事力量强于刘邦，但他不能选贤任将，不能从战略角度选择都城，不能严格军纪，亦不除秦苛法，因此不能得人心；而刘邦入关以后的一系列措施深得人心，因此应举兵东征项羽。以后楚汉战争的发展过程，生动地印证了韩信的分析。

其次，韩信善布疑兵以制胜。破魏之战，反汉附楚的魏王豹率主力扼守蒲坂（今山西永济西），阻击汉军渡河。韩信利用豹认定汉军必从临晋（今陕西大荔东）渡河的心理，陈列船只摆出欲从临晋强渡的架势，暗领兵至上游百余里处的夏阳（今陕西韩城南），以木罂缻（用木绑缚陶瓮以渡河）装载士兵过河，东向突袭魏后方重镇安邑（今山西夏县西北），连破魏军，俘魏王豹，尽收魏地。魏军的覆灭，解除了汉军侧翼的重要威胁，并为北定代、赵创造了有利条件。

其三，韩信善于以不合常规的战法出奇制胜。破赵之战，赵王歇与代王陈馀聚兵20万，准备在井陉口

（今河北获鹿西土门）一带与韩信的数万兵决战。韩信在半夜选 2000 轻骑，每人手持一面赤旗，从小路赶往抱犊山（今获鹿西北）隐蔽；又派兵万人先行至绵蔓水背水列阵。背水按作战常规为绝地，赵军于是尽笑韩信不懂兵法。韩信建大将旗鼓，一路摇鼓而出井陉口，赵军出垒攻击汉军。韩信佯败，赵军空垒而出追逐汉军。韩信所领人马与背水列阵的万名士兵合力以拒赵军。埋伏在抱犊山的轻骑乘机驰入赵军壁垒，树起 2000 面赤旗。赵军见不能击败韩信，回头欲引师归营，看见壁垒中尽是汉军旗帜，顿时溃乱。汉军乘势两面夹击，大破赵军，斩陈馀，俘赵王歇。此战灵活运用《孙子》"陷之死地然后生"的战法，成为中国古代战争史上灵活用兵、以少胜多的著名战例，体现了兵权谋家"以正守国，以奇用兵"的基本特点。

周亚夫的治军思想和
战略战术思想

　　周亚夫（？～公元前 143 年）是西汉前期名将。周勃子，封条侯，官至太尉、丞相。公元前 158 年，将兵屯于细柳（今陕西咸阳西南渭河北岸），防备匈奴。汉文帝亲自劳军，到各军驻地皆是直驰入营，将领们齐出迎送。到细柳军营时，只见军士齐披甲戴胄，兵器锐利，戒备森严。文帝的前驱卫队到营门，却被告之不准进入。前驱称天子将至，军门都尉回答："军中只听从将军的号令。"直到文帝亲至营门，遣使持节降诏，周亚夫才传令打开垒门。文帝进营后，按照军规乘车徐行，亚夫以军礼见君。文帝对周亚夫称赞不已，不久拜他为中尉，临终告诫太子说："如有急难，可由周亚夫统兵作战。"景帝三年（公元前154年），吴王刘濞、楚王刘戊与赵、胶东、胶西、淄川、济南诸王，以杀晁错清君侧为名，举兵叛乱，史称"吴楚七国之乱"。景帝以亚夫为太尉，领大军平叛。平叛中，周亚夫坚持既定战略，置景帝诏令于不顾，终于迅速平定这场大叛乱。四年后，亚夫升任丞相。但因为废太子事与景帝意见相左，反对封皇后兄为侯又使景帝不快，为相三年后告病免相。四年后，被诬告谋反下狱，绝食而死。

周亚夫生活的文、景时期，与民休息，战事较少。他安不忘危，严格治军，所领军队纪律严明，随时保持高度警惕性。他亲自指挥的平定吴楚七国之乱的战争，反映出他高超的军事艺术和优秀的军事统帅的素质。

周亚夫为平七王之乱制定了正确的战略。他受命伊始，向景帝面陈方略：吴、楚长期厚养死士，其兵剽勇轻疾，不宜一开始便与其争锋。当舍弃梁国部分土地以牵制他们，设法断其粮道，相机破敌。景帝认可其战略后，他坚持部署不变。吴兵攻梁甚急，梁王一再向亚夫求救，又上书景帝，使其下诏令亚夫救梁，亚夫不奉诏，坚壁不出。他派轻骑兵断绝吴、楚兵粮道。吴、楚缺粮，多次向亚夫挑战，亚夫始终不应战。直到吴、楚兵因饥饿而退兵，亚夫始派出精兵追击，大破吴、楚军。

在作战中，周亚夫能正确判断敌军意图，作出相应的战术指导。吴楚军攻亚夫壁垒时向东南角调兵，周亚夫识破敌人声东击西之计，命令加强西北面的防备，果然吴、楚精兵奔西北面而来，因亚夫军防备严密而不能入垒。

在执行战略计划的过程中，周亚夫善于听取下属意见，修改具体战法。周亚夫率军初出时，赵涉建议：吴王必定会在周亚夫既定的线路上设伏，不如改道而行，虽然多走一两天，却能出敌不意。亚夫采纳了这个建议，后来果然在原定线路上发现吴王伏兵。这些事例说明，周亚夫具有良好的统帅素质。

 5　卫青以轻疾制敌的兵形势家特色

卫青（？～公元前 106 年）是西汉武帝时杰出的将领。字仲卿，河东平阳（今山西临汾西南）人。少时牧羊，备受酸辛。到长大成人，为平阳侯府骑士。后因同母异父姐卫子夫得武帝宠幸，入建章宫当差，不久升为宫监、侍中。卫子夫为武帝夫人，卫青亦迁太中大夫。元光六年（公元前 129 年），拜车骑将军，与李广等 3 将军各率万骑分路出击匈奴。李广等两路惨败，另一路无功而归。独卫青兵至龙城（今内蒙古东、西乌珠穆沁旗境），斩获匈奴兵数百人，被赐爵关内侯。元朔元年（公元前 128 年），率 3 万骑出雁门（今山西右玉南），斩获匈奴数千。次年，与将军李息等领兵围歼匈奴白羊王、楼烦王两部，取得河套南部

（今内蒙古鄂尔多斯市一带）地区，置朔方郡（治地在今杭锦旗北），以功受封长平侯。五年春，领 3 万骑出朔方，夜袭匈奴右贤王部，俘获匈奴男女 1.5 万余人，升任大将军，总领诸将。次年，两度率兵出定襄（今内蒙古和林格尔西北），攻击匈奴单于主力，两次共斩获约 2 万人。元狩四年（公元前 119 年），领 5 万骑兵再出定襄，奔袭漠北，与匈奴单于本部精兵交锋，大败单于军，追击 200 余里，歼匈奴近 2 万人，烧匈奴积粟而归。战后，与霍去病同被授为大司马。卫青 7 次率兵出塞打击匈奴，戎马倥偬 11 年。他不仅善于指挥作战，而且爱惜将士，为人谦恭，是不可多得的良将。

卫青用兵，针对匈奴惯于沙漠生活的特点，以精骑奔袭击敌，出其不意，给予重创，颇具兵形势家的特色。元朔五年（公元前 124 年），卫青率军出塞600～700 里击匈奴，匈奴右贤王认为汉兵不可能迅速到来，大饮方醉，卫青率领的轻骑已乘夜包围了右贤王廷。与出其不意的战法相应，卫青善于选择进攻路线，忽西忽东，令匈奴难以防备。元朔二年击匈奴，卫青率军出云中（今呼和浩特西南），先西至高阙（今内蒙古临河西北），切断匈奴右贤王与驻牧河套南部的楼烦王与白羊王的联系，再南向打击楼、白两部。汉武帝时，匈奴被迫远避漠北荒原，卫青与霍去病功劳最大。

 ⑥　霍去病独具特色的用兵思想

霍去病（公元前 140～前 117 年），是西汉武帝时杰出的将领。与卫青同籍，是卫青的外甥。18 岁为侍中。不久因善骑射为卫青部将。元朔六年（公元前 123 年），随卫青出定襄，以票姚校尉率 800 轻骑奋勇当先，远离大军数百里追杀匈奴，斩获 2000 多人，因功封冠军侯。元狩二年（公元前 121 年）春，以骠骑将军率领万骑出陇西郡（治狄道，今甘肃临洮），转战 6 日，过焉支山（在今甘肃省永昌西、山丹东南）千余里，斩获近 9000 人。夏，又领精骑出塞，在祁连山（指今南山）一带斩获匈奴 3 万余人，俘匈奴五王。去病从此越来越受恩宠，地位与大将军卫青相当。此后，匈奴浑邪王因惧单于将加害于己，打算降汉，但其部下多不欲降。去病驰入浑邪王军中，斩杀打算逃亡者 8000 人，促使浑邪王率数万人归汉。元狩四年春，领 5 万骑出代郡（治代县，今河北蔚县东北），其中多敢于奋力拼杀、深入敌境的勇士。去病率兵过大漠，奔袭 2000 余里，斩获匈奴 7 万余人。此战予匈奴左部以重创，是打击匈奴、安定北边的空前胜利。战后，与卫青并为大司马，主持全国军政，权势重于卫青。死时不足 30 岁，武帝为他立冢取象祁连山，谥景桓侯。

霍去病征战数年，五击匈奴，每战必胜。他为人寡言，战时总是冲锋在前。武帝曾想教他学吴起、孙武的兵法，他说："我只想了解作战方略如何，不至于去学古人的兵法。"尽管如此，他指挥作战很有章法，具有鲜明的个性色彩。其主要特点是：精于远程轻骑奔袭。元狩二年（公元前 121 年）夏，他率数万精骑出鸡鹿塞（今内蒙古杭锦后旗西），穿过今乌兰布和、巴吉丹林两大沙漠，由居延（今内蒙古额济纳旗东南）南下，从背后向祁连山下的匈奴发起猛攻。元狩四年（公元前 119 年）春横绝大漠时，为出敌不意，不带辎重，令骑兵少带干粮，马快蹄轻，取食于敌，所以能迅捷歼敌，封狼居胥山而归。匈奴骑兵机动性强，来去飘忽；霍去病以远程轻骑奔袭的战法，争得打击匈奴生力军的主动权。

霍去病领兵出塞的次数不如卫青多，但他斩获匈奴的人数远比卫青多，给匈奴的创伤比卫青重，所以受武帝恩宠也渐比卫青深。但去病少年得志，不体恤士卒。在塞外，士卒无粮可食，他还在作类似今天踢足球的鞠戏。尽管如此，他那"匈奴不灭，无以家为"的豪言，至今仍可令人想见其青年战将的风姿。

7　马援对兵权谋思想的运用

马援（公元前 14～公元 49 年）是东汉初期杰出的将领。字文渊，扶风茂陵（今陕西兴平东北）人。祖先为战国时赵国名将赵奢，奢因功封马服君，子孙便以马为姓。马援少时曾学《齐诗》，但无意拘守章句。王莽时，为新成大尹。后投隗嚣，为绥德将军。建武五年（公元 29 年）投光武帝刘秀，上书求屯田上林苑中。八年，在刘秀面前堆米以示山川地形（类似沙盘），指画军事形势，部署众军出入往来道路，坚定了刘秀西征隗嚣的决心。次年，拜太中大夫。十一年，拜陇西太守，领步骑 3000 人，在临洮（今甘肃岷县）

击破先零羌，斩数百人，获牲畜万余头，收降羌人8000余名。接着乘胜掩袭羌人，再斩千余人。又修缮金城郡破羌（今青海乐都东）以西城郭，劝耕牧，招塞外氐羌。十三年，率兵4000余人追击骚扰边地的塞外诸羌，在氐道（今甘肃武山东南）大败羌人，收降万余人。十六年，回京为虎贲中郎将，常与光武帝论兵，所谋未尝不用。十七年，拜伏波将军，率军南征交趾郡（约今越南北部），缘海而进，随山开道千余里，数战数捷，因功封新息侯。所过之处，为郡县治城郭，穿渠灌溉，方便越人。二十年秋回京，自请北击匈奴、乌桓，并说："男儿要当死于边野，以马革裹尸还葬耳，何能卧床上在儿女子手中邪！"遂出屯襄国（今河北邢台）。次年，率3000骑兵巡行北边。二十四年，以62岁高龄自请进击五溪蛮。次年至临乡（今湖南桃源东），破蛮兵，斩获2000余人。三月至壶头（今湖南沅陵东北），遇酷暑，士卒多染疫而死，马援亦病卒于军中。

马援用兵，注意分析敌我双方形势，寻找有利于己的战机。与敌对战，不追求快意掩杀，而是善于出奇兵以击敌不意。建武十一年（公元35年）与诸羌接连三战，先击溃羌人前锋；再潜行间道，掩赴敌营，使敌军心溃坏；又分遣轻骑绕袭敌后，乘夜放火，使敌大乱。战法多变，奇正相生。

马援一生征战的主要对象是汉朝周边的部族。他不以屠戮为目的，注意安定边裔，争取民心，筑城修渠，发展生产。他在西北边郡6年，带来郡中的安定和经济发展。南征交趾，也为当地郡县制的推行和农业生产的发展作出了一定贡献。

概括马援的军事思想，主要表现在用兵上强调知彼知己、出敌不意。在作战指挥中，他成功地运用了以孙武为代表的兵权谋家的兵学主张。

从项羽到马援，我们可以看出秦汉兵家有一个基本特点，那就是注重实践。战争是展现他们军事思想、军事艺术成就的舞台。

四 魏晋南北朝兵家的 鲜明个性

 战争与文化背景

魏晋南北朝是战争和军事对峙漫长、统一和安定相对短暂的时代。

汉末建安时期，以曹操、孙权、刘备为首的相对峙的政治、经济、军事实力集团逐步形成。公元220～280年，是魏、吴、蜀三国鼎立的时代。公元281～290年，西晋出现相对统一的局面。从291年"八王之乱"始，到589年隋灭陈，战乱此起彼伏，南北长期对峙，北方又历经十六国的纷争和东西魏分立、北齐与北周对峙的形势。各朝各代在军事对峙的背景下，都间或因双方息兵而出现过并不算长的安定局面；但招兵买马、整军备战一直在进行，军事摩擦亦很少间断。

在魏晋南北朝这一历史阶段内，发生过许多著名的战役和作战。赤壁之战、夷陵之战、灭蜀之战、淝水之战、潼关之战等，都是历史上著名的战例。丰富的战争实践，造就了一批杰出的军事家。

各民族在冲突中互相影响，彼此融合，这是魏晋南北朝时期一个突出特点。各民族由于文化、地理等条件的不同，有着特色迥异的军事观念和作战方式。这些观念和方式因各民族的冲突和交往而相互碰撞，彼此吸收，使这一时期的军事思想和作战方式更加丰富。这一时期的著名兵家，也不以汉人为限，少数民族的兵家将星相继乘时而起。

魏晋南北朝时期虽然战事频仍，社会经济仍有一定发展。魏的屯田促进了黄河流域社会经济的发展。吴的开发江东，蜀的平定南中，都促使这些地区加快迈向文明的步伐。十六国与东晋、南朝与北朝的长期对峙，虽使较发达的中原经济遭受一定破坏，却也使较落后的长江流域得到开发。经济的发展变化，对当时的战争特点有相当影响，尤其是南北经济特征的差异性，对南北不同的作战指导思想影响甚大。如北方畜牧经济发达，骑兵优良，作战多重远程奔袭、快速决胜；南方造船业发达，作战注重发挥水战之长。这些特点，带来了南北军事家的不同风貌。

魏晋南北朝是思想较为活跃的时代。两汉经学和神学的禁锢被打破，儒、道、释三家思想为士人们兼收并容，玄学清谈和佛教讲经问难的风气两相交会，士人的思辨能力普遍提高。在这样的氛围下，注重军事理论研究蔚然成风。活跃的学术思潮和灵活的清谈问难等形式，启发兵家各辟研究军事理论之蹊径。曹操注《孙子》，杜预注《左传》，是对传统兵书和古代战例的深入性研究；诸葛亮的《隆中对》，崔浩的一系列谋划，都凝聚着丰富的兵学素养。

魏晋南北朝频仍的战争，使当时极少有以纸上谈兵而扬名的兵家。优秀的军事理论家，往往同时就是杰出的统帅或著名的将领。一些发于卒伍的良将，也在长期的战火硝烟中培养出高超的军事艺术。曹操、诸葛亮、陆逊、杜预、檀道济、崔浩、宇文泰等，是这一时期的佼佼者。他们都展现了各自卓越的军事才干和军事家的个性特点。

 ## 曹操的兵学思想及运用

生平与兵学著作

曹操（155～220 年）是汉魏之际杰出的政治家、军事家和文学家。字孟德，小名阿瞒，沛国谯（今安徽亳州市）人。本姓夏侯，因其父嵩为宦官曹腾养子，故从曹姓。曹操自幼机警，任侠放荡。东汉熹平三年（174 年），曹操以孝廉推举为郎，始入仕途，历任洛阳北部尉、顿丘令等。灵帝光和七年（184 年），拜骑都尉，参加镇压黄巾军。迁济南相，后辞官归乡里。中平五年（188 年），为典军校尉。六年，因董卓之乱散家财以募兵。次年参加讨伐董卓，推袁绍为盟主。因讨董诸军不图进取，曹操孤军西进，兵败而归。遂多方募兵，以求独立发展。献帝初平二年（191 年），破黑山军白绕部。次年，收黄巾军降兵 30 余万，男女100 余万口，选其精锐组成"青州兵"。从此立足兖州，几经反复，不断发展。建安元年（196年），迫汉献帝迁都许昌，自任司空，行车骑将军事，挟天子以令诸侯。这年，始兴屯田，足食强兵。建安五年（200年），在官渡（今河南中牟县境）一带大破袁绍军，为统一北方奠定了基础。九年，攻取袁氏基地邺城（今河北临漳西南）。十二年，远征乌桓腹地，直至柳城（今辽宁朝阳西南），统一了北方。次年，率大军南征，大败刘备军于长坂（今湖北当阳境）。这年，为丞相。冬，在长江赤壁（今湖北蒲圻西北，一说今嘉鱼东北）一带将战船相连，与孙权、刘备联军隔江对峙。孙刘联军采用火攻，曹军大败。十六年，击败马超、韩遂等，夺取关中。十八年，受封魏公，加九锡。二十一年，晋爵为魏王。二十四年，因夏侯渊兵败身死，亲临汉中，拔曹军出困境，集中兵力于荆州。次年正月，病卒于洛阳。

曹操文武兼备，一生征战不已，稍有闲暇，好读书赋诗。他喜读兵书，并结合战争实践作潜心研究。他曾抄集诸家兵法，名曰《接要》；注《孙子》13篇，名曰《孙子略解》，开整理注释《孙子》的风气；又自作兵书10万余言，作为诸将征伐的指南；还写下不少重要的军事文书，虽然多数今已不存，但仍是其军事思想和军事艺术的结晶之一。

强兵足食，以法治军

在战争的基本策略上，曹操非常重视强兵足食。他认为，强兵足食是安定国家的大计，秦国重农所以兼并了六国，汉武帝大兴屯田所以安定了西域。遵照这个原则，曹操在中原大兴屯田，有效地解决了兵食和流民的生计问题，为统一北方奠定坚实的基础。在具体指挥作战时，曹操极重军粮囤积问题。汉献帝兴平二年（195年），曹操在收复兖州（今河南东北、山东西南部）大部后，派兵四出抢收麦子，使军粮充裕，终于在这年秋天平定了兖州全境。在著名的官渡之战中，曹操先派徐晃在故市（今河南郑州境）截烧袁绍军数千辆粮车，又亲率人马连夜潜行，赶至袁军粮草屯聚地乌巢（今河南封丘西），围屯放火，大破乌巢守军。两烧袁军粮草，使袁军军心动摇，为大败袁绍先奏凯歌。

在建军治军的原则上，曹操注重尽量起用各类人才，坚持以法治军。他主张唯才是举，不必对人才过于苛求。他认为"山不厌高，水不厌深"，要成就大事业需要网罗各方面的人才。在他的身边，许多谋士良将或由敌对阵营投奔而来，或选拔于行伍战阵之间，或起用于罪臣俘囚。总之，曹操用人，不拘一格。曹操治军，"揽申、商之法术"，坚持以法治军。他反对军中依儒家之礼行事，主张一切严守军令。他制订了许多军令，令将士遵行；同时自己以身作则，为将士垂范。著名的"割发代首"的故事即是一例。他的《置屯田令》、《军令》、《严败军令》、《步战令》、《船战令》、《论吏士行能令》、《封功臣令》等，充分体现了他"在军中持法"的治军思想。为保证法令的实施，他重视军中司法制度的明确和司法官吏的选用，主张以"明达法理"者任军中典狱，对于军中司法官吏依法行事、不徇私情的做法往往给予支持和鼓励。

在用兵作战方面，曹操强调"以诡诈为道"，巧用奇兵，应机变化而制胜。建安三年（198年），曹操围张绣于穰（今河南邓州），刘表遣军援张绣，对曹军形成东西夹击之势。曹操撤围东退，诱张绣来追。曹操又伪装溃逃的假象，再诱张绣、刘表两军倾力追赶，然后突出奇兵，大破敌军。建安十二年（207年），曹操远征乌桓，在海滨受阻，于是诈称以后再进军，使乌桓疏于防备。曹军伪装回师，却利用小道间行500余里，深入乌桓腹地，一举击溃乌桓军。欲进诈退，欲取诈舍，以制造战机克敌，这是曹操惯用的战法。

曹操是汉魏间不可多得的理论与实践相结合的兵家，指挥过多次著名战役、战斗，用兵有道，战绩突出。他死后，谥武王。子曹丕代汉称帝后，追尊其为武皇帝，史称魏武帝。古代帝王武功昭著者谥"桓"或"武"，曹操是当之无愧的。后世小说、戏曲多以曹操为丑角，那只是文学上的曹操罢了。

3 诸葛亮的治军强兵和战略思想

生平事迹及《将苑》一书的性质

诸葛亮（181～234年）是三国时期杰出的政治家、军事家。字孔明，徐州琅邪郡阳都（今山东沂南南）人。早年定居隆中（今湖北襄阳西），躬耕垄亩，研读史鉴兵书，常自比管仲、乐毅。献帝建安十二年（207年），依附荆州牧刘表的刘备图谋发展，三顾茅庐，向诸葛亮求教。诸葛亮为刘备诚意所动，提出著名的隆中对策，成为刘备发展创业的基本策略。从此，诸葛亮出山，辅佐刘备创建蜀汉政权。次年秋，刘备军在长坂（今湖北当阳境）大败于曹军。在此生死存亡关头，诸葛亮赶赴柴桑（今江西九江西南），向存心观望曹刘双方成败的孙权晓以利害，促使孙权与刘备联合抗曹。赤壁大败曹军后，诸葛亮辅佐刘备夺取长沙等三郡，调其赋税，充实军资。十六年，刘备以助刘璋击张鲁为名，率兵入益州（约今四川及陕西南部），诸葛亮与关羽留守荆州（约今湖北、湖南）。十八年，诸葛亮率张飞、赵云等统军西上，一路攻取郡县，与刘备共围成都。攻克成都后，诸葛亮为军师将军，署左将军府事。刘备外出征战，诸葛亮则镇守成都，足食强兵。蜀章武元年（221 年），刘备称帝，诸葛亮为丞相，录尚书事，总理蜀汉军政事务。章武三年（223 年），刘备病卒，临终托付诸葛亮，辅佐后主刘禅。从此蜀汉军政大小事务，取决于诸葛亮。建兴三年（225 年），统军平息南中（今云南、贵州及四川西南部）地区诸部族的动乱，使蜀汉后方得到巩固。五年，亲统 10 万大军向北进驻汉中，准备伐魏。次年，出兵祁山（今甘肃东南部渭水、西汉水间山地），得魏天水等三郡。后因前锋马谡失战役要地街亭（今甘肃天水东南，一说今张家川北），错过战机，退回汉中。同年冬，进军关中西部，围攻陈仓（今宝鸡东），因粮尽而退兵。七年，西北向夺取武都、阴平二郡。次年，向西和抚羌人，得羌人贡纳谷物牲畜等以扩充军资。九年，复出祁山，以"木牛"运粮，击败魏军，退军时又射杀魏将张郃。十二年，再次大规模北伐，占据五丈原（今陕西岐山南），与司马懿统率的 20 万大军对峙于渭水南。两军相持百余日后，诸葛亮病卒于军中。

诸葛亮是蜀汉最重要的军事策划者和军事指挥者。他注重军事理论的学习研究，又有丰富的部署和指挥军事行动的经验。西晋初，史学家陈寿曾编定诸葛亮故事，辑《诸葛亮集》24 篇，今多已亡佚。又有旧题诸葛亮撰的《将苑》一书，可能是后人根据诸葛亮治军用兵的言论附益而成。

治军强兵，联吴抗曹

诸葛亮的军事思想，突出地表现在建军、治军和足粮强兵两方面。其战略思想也有高超之处。

诸葛亮的治军思想有三大特点。第一是以法从严治军。他主张用严刑来纠正过去军中威刑不肃的积弊，强调军中七禁：轻军，如集结时闻鼓不行；慢军，如接受军令不迅速下传；盗军，如偏私所亲近的人；欺军，如改变姓名以隐瞒真实身份；背军，如战场上闻战鼓而不前进；乱军，如行军时呼唤喧哗；误军，如随意翻越营砦。凡犯其中一禁者，处以斩刑。第二是重视部队的训练和革新武器。除对战士进行严格的军事技能训练外，还作八阵图以演练阵法，进行战术训练。他注重军械和武器的革新，提高武器性能，改革军队装备，增强军队的作战实力。如创制一发十矢连弩，制作"木牛"和"流马"，提高钢刀的杀伤力，大大改善了部队的装备。第三是重视对将领的选拔任用和考察。他要求将领注意培养捕捉战机的能力，要善于因事应敌，因势制胜，因情行事。做将领要严守与士兵同甘共苦的原则，以情带兵。比如，军井尚未打上水来，将领不说渴；军食尚未做熟，将领不说饿。

诸葛亮的足食强兵的思想，贯穿其一生行事。隆中对策，他建议刘备据荆州、益州创基业，就是鉴于那里"沃野千里，天府之土"，有利于足食强兵。初到成都，他根据当时经济形势，主张大力发展织锦业，以委积军资。北伐时期，他一面通过和抚羌人扩大赋税收入，一面在汉中及与敌对峙地区开展屯田，建立粮仓，积极筹粮，准备与魏军进行持久战。

诸葛亮的战略思想高超之处，主要表现在他联合孙吴以抗曹、先建立根据地再进军中原的主张中。他的全盘部署是：先据有荆州、益州两地，和抚周边部族，结好孙吴，修明政治，蓄积力量；然后寻找时机，一路大军由荆州北上，一路大军由益州北上，两路合击魏军，占有中原。但诸葛亮后来不得已放弃了荆州地区，由益州北上伐曹又屡屡受挫，进攻魏军往往在易守难攻之地，致使整个战略主张和部署落空。

诸葛亮足智多谋，一生行事谨慎，很得后人称许。后人视他为智慧的化身，遂演化出许多他神机妙算的故事。历史上的诸葛亮自然没有艺术世界中的诸葛亮那么辉煌，甚至当时人认为他"应变将略，非其所长"，但他的军事思想毕竟有许多闪光的成分。

陆逊以智取胜的思想

生平与战绩

陆逊（183～245 年）是三国时期孙吴最杰出的将领。字伯言，本名议，吴郡吴县（今江苏苏州）人。其家世为江东大族。父母早亡，随从祖庐江太守陆康。203 年从孙权，始为东西曹令史，出任海昌屯田都尉，并领县事。因灾年开仓赈济贫民，得县民拥戴。募兵平山越，部曲发展到 2000 余人，旋拜定威校尉。孙权以他为侄女婿，屡次向他咨询稳定江东之策，并以他为帐下右都督。他讨伐丹阳（治今安徽宣城）等郡，迅速破敌，一举安定丹阳等东三郡，选拔山越中强壮者为兵，得精卒数万人，屯兵芜湖。219 年，孙吴名将吕蒙由陆口（今湖北嘉鱼陆溪口）称病回建业（今南京），陆逊识破其为以骄兵之计对付蜀将关羽，吕蒙因此推荐陆逊代他驻守陆口，拜偏将军、右都督。到陆口后，他一方面致书关羽，表示谦恭，使关羽对他毫不防备；一方面又把军前形势密报孙权，与吕蒙奇袭江陵，一举夺取荆州，擒杀蜀名将关羽。遂因功领宜都太守，拜抚边将军，封华亭侯。又遣将攻取房陵（今湖北房县）、南乡（今河南淅川南）、秭归、巫（今四川巫山）等地，升右护军、镇西将军。221 年，刘备大举攻吴。陆逊为大都督，领兵拒蜀军。两军相持半年，陆逊始终不与蜀军交战。次年六月，陆逊部署大反攻，火烧蜀军连营，趁势重创蜀军。后加拜辅国将军，领荆州牧。228 年，魏大司马曹休举兵攻吴，陆逊领兵三路与魏军接战，大破魏军，追至石亭（今安徽潜山东北），歼万余人。次年，拜上大将军、右都护。这年，孙权东巡建业，以陆逊镇武昌，辅太子。236 年，与诸葛瑾攻魏襄阳，因信使被魏军擒获，军机泄露，便因势佯攻襄阳，暗遣将攻敌安陆等城，乘魏军捉摸不透己军意向之机，从容回师。次年，平定鄱阳（今江西波阳）等三郡内乱。244 年，任丞相。次年因屡屡上疏直谏，卷进立嗣之争，遭孙权遣使责斥，愤恚而卒。

巧析势态，以智取胜

陆逊没有给后人留下专门的兵学论著，但长于谋略，善于用兵，一生征战，极少败北，其军事艺术多有可称道之处。他辅佐孙权，忧国忘身，屡屡上疏分析军事态势，陈述作战方略，主张以智取胜。今存他的部分书疏，是了解其军事思想的重要历史资料。

注重心理分析，因敌制胜，是陆逊军事艺术中最具特色之处。夺取荆州之战中，他掌握了关羽"意骄志逸，但务北进"的心理，通过书信使关羽对他不加防范，调留守江陵的蜀军北上攻魏，遂乘机助吕蒙袭江陵。大败蜀军的夷陵（今湖北宜昌境）之战中，他利用刘备急于为关羽报仇、夺回荆州的心理，从秭归一带退至夷陵一带，诱蜀军进入几百里峡谷山地，使其营地分散；又不与蜀军交战，使其日渐疲惫，以寻机反攻。佯攻襄阳之战，本来魏军掌握了吴军用兵计划，吴军陷于被动境地，他利用魏自恃明了敌情的心理，改变进攻计划，变被动为主动，使敌人由知情变为捉摸不透己方用意，实现全兵而退的谋略。

善于对形势进行综合分析，作出明智的战术决断，也是陆逊军事艺术的一个特色。夷陵之战前段，孙桓所部被蜀军张南部围困于夷道（今湖北宜都），孙桓向陆逊求救。陆逊分析当时态势认为：孙桓平素很得人心，夷道城牢粮足，可以坚守一段时间。若分兵救援孙桓，整个作战计划就可能被打破；若不发救兵，待计划实施时，夷道之围自然可解。因此，尽管诸将请求发兵，陆逊坚持不予。事实证明陆逊的分析与决断完全正确。

在战略思想上，陆逊主张"畜力而后动"，反对虚耗民力滥行征战。就财力而言，他强调强由民力，财由民出，从来没有民富国弱、民穷国强的，要努力发展农桑衣食这些民之本业，不宜连年兴兵。就兵力而言，他主张兵精堪用，反对滥征民兵。他的意见有的为孙权所用，有的却不被采纳，但他尽忠直谏，始终如一。

 5 杜预因势制宜的思想

生平与著作

杜预（222～285 年）是西晋著名军事家、学者。字元凯，京兆杜陵（今陕西长安县东北）人。祖、父在魏为官。他是魏大将军司马昭的妹夫，魏正元二年（255 年）起家尚书郎，在职 4 年，转参相府军事。景元四年（263 年），魏分路大举攻蜀，任镇西长史，随镇西将军钟会进兵汉中。司马炎代魏为晋帝，杜预与车骑将军贾充等修订律令，并作注解。晋泰始六年（270年），鲜卑秃发树机能部寇扰陇右，杜预任安西军司，旋转官秦州刺史，领东羌校尉、轻车将军。安石将军石鉴命杜预出兵迎击鲜卑兵，杜预分析当时双方情势，力主明春再行进讨；但石鉴强行统兵进击，果然兵败。次年，匈奴右贤王刘猛攻扰并州（治今太原西南），杜预应诏计议对策，提出利国救边之策50余条，都被朝廷采纳。咸宁二年（276年），征南大将军羊祜上书请伐吴，多数朝臣反对，唯杜预与中书令张华赞成。四年，羊祜病重，仍入朝面陈伐吴之计，并举荐杜预接任其职。年底，杜预任镇南大将军，镇襄阳。到任伊始，即以精兵袭吴西陵（今湖北宜昌东南），大破吴名将西陵督张政部。次年，两次上表请求伐吴。十一月，晋发兵20万，分6路伐吴，杜预所部自襄阳出江陵。六年正月，杜预陈兵江陵，围城不攻，派出樊显、尹林、周奇等将循江西上，连克沿江城邑；又派管定、周旨等率奇兵800连夜渡江，多张旗帜，起火山间，忽出忽入，以瓦解吴军心。这一系列部署，有力地配合了王濬所领大军的东进。又派伏兵随吴败军进入吴军大营，生擒吴西线统帅孙歆。军中流传歌谣称赞他"以计代战一当万"。随即一举攻克江陵及吴沅、湘以南，直至交、广等州郡。吴军望风归降。灭吴后，杜预还镇襄阳，安定地方，声名远著。太康五年闰十二月（285年），征为司隶校尉，加位特进，病卒于赴京途中。追赠征南大将军，故后人称他"杜征南"。

杜预是博学多才的大学者，当时人称他为"杜武库"，言其无所不通。他不仅在军事上颇有建树，还参与定律令、设考课、修历法、兴水利、通航运等，显示出多方面的才识。他在平吴之后，潜心经籍，专研《左传》，撰有《春秋左氏经传集解》、《春秋释例》、《盟会图》、《春秋长历》等，蔚然成一家之学。他的这些著作虽属经学范畴，但仍闪现出军事艺术的火花。

因势制宜，文武兼治

在军事决策上，杜预主张因势乘时，当机立断。他认为，分析敌我情势时，要以利害相较，如果利有十之八九，就应采取果断行动，不能患得患失，坐失良机。他把这种思路运用到分析己方与孙吴的情况上，力主迅速发兵灭吴，以免吴国迁都、修缮城池，那时再兴兵灭吴就很难取得成功了。他的精辟分析，使司马炎最后下了发兵的决心。

在战术指导上，杜预能防止躁进，根据全局需要灵活用兵。灭吴之战，他不为抢头功而急于攻占江陵，而是拉长战线，配合王濬所部东进。当王濬大败孙歆后，他又能巧妙派出伏兵擒孙歆，扩大王濬的战果。

在平居之日，他强调天下虽安，忘战必危，主张积极练兵备战。灭吴之后，他镇襄阳，勤于讲武，训练士卒，还修立学校，培养人才。他还在要害之地错置屯营，相互维系，以防兵起。又大力发展水利和航运，保证粮食军资充分委积和军需转运便利。

杜预对外能率军攻伐，对内能治理地方，文能卓然成大家，武能胜任大事建树奇功，是不可多得的理论与实践相结合的兵家。

6 檀道济的因敌施计与重视心战

檀道济（？～436年）是南朝宋著名将领。高平金乡（今山东嘉祥南）人。东晋元兴三年（404年），建武将军刘裕起兵讨伐篡晋称楚帝的桓玄，道济参其军事，屡建战功，历官辅国参军、扬武将军、安远护军、宁朔将军、冠军将军等。义熙十二年（416年），刘裕灭后秦之战中，檀道济与龙骧将军王镇恶为前锋，一路攻克后秦徐州（治今河南商丘南）、许昌、成皋（今河南荥阳西北）。道济率本部人马进逼洛阳，迫后秦平南将军姚洸出降。又与王镇恶并力攻取潼关。灭后秦后，任征虏将军。晋元熙二年（420年），刘裕代晋建宋，道济任护军，加散骑常侍。后出为镇北将军、南兖州刺史。宋景平二年（424年），参与废杀少帝及庐陵王，迎立文帝，进号征北将军，加散骑常侍。元嘉三年（426年），与中领军到彦之讨伐荆州刺史谢晦，到彦之先行兵败，道济率本部兵始到，谢晦军不战自溃。因功迁征南大将军、江州刺史。八年，檀道济率军北伐，在寿张（今山东东平西南）大破北魏安平公乙旃眷部，在高梁亭（约今山东东阿境）斩北魏济州刺史悉颊库结。前后20多天，与北魏兵交战30次，多获胜利。兵至历城（今山东济南），因北魏兵盛，己方粮草被焚，全师而退。进位司空，还镇寻阳

（今江西九江）。元嘉十二年（435年），宋文帝病势沉重，彭城王刘义康担心道济威名甚重，麾下部将身经百战，诸子又有才气，难以控制，遂召道济入朝。次年，文帝病又发作，刘义康乃下诏将道济及其诸子处死，道济的部分亲信将领亦受株连。道济被收捕时，脱下头巾投掷在地，愤怒斥责道："乃复坏汝万里之长城！"后人以"长城"喻军队，即本于此。

檀道济征战统军30余年，身经百战，身先士卒，常打胜仗，远近闻名。后秦与北魏军队对他有畏惧之心。北魏得知道济身死，南下攻宋，尽夺其河南之地。

檀道济久经战阵，作战艺术渐臻成熟。

处变不惊，因敌施计，是檀道济作战艺术的突出特点。灭后秦之战中，檀道济在攻克洛阳后，与王镇恶兵分两路：檀道济与沈林子北渡河攻蒲阪（今山西永济西南），王镇恶西攻潼关。不料蒲阪城坚兵多，一时难以攻克。檀道济改变原作战方案，率所部南下，与王镇恶合兵攻潼关，不久便拿下了潼关。灵活用兵，变分散之兵力为集中之兵力，所以能克敌制胜。元嘉八年北伐，转战数十日后到历城，遭北魏军前后夹击，粮草被焚，军中缺粮，被迫回师。北魏军见势加紧追击，形势对宋军十分不利。檀道济临危不乱，安排在夜间唱筹（古代竹制的记数用具）量沙，以仅有之米覆盖在沙上，造成粮食充足的假象，使北魏军中计，不敢进逼。檀道济兵少，北魏军调动骑兵，准备围歼宋军。道济命士卒披甲列队，自己身着白袍乘舆从容而出。北魏军见状，疑有伏兵，向后退却。道济率所部安然南归。这一仗，充分显示了檀道济的大将风度。

重视心战，以较少的代价争取更大的战绩，这是檀道济作战艺术的又一特点。416 年，刘裕灭后秦之战中，东晋军攻克洛阳后俘获 4000 多人，不少人主张把俘虏杀掉以壮军威。檀道济说："讨伐罪大恶极者，抚慰一般老百姓，今天正好体现这宗旨。"他把俘虏全部释放遣送。这一作法感动了氐羌等部族民众，不少人率众投归东晋军，减少了东晋军进军潼关、直指长安的阻力。古代兵家最推崇不战而屈人之兵的战法，檀道济的做法，深得古代兵学之精义。

檀道济是南朝宋的开国元勋之一。宋建国后，他外伐北魏，内讨谢晦，为国家的安定立下大功。但却因功高震主而遇难，未死于沙场而死于君王手中，可歌可泣，令人痛惜！

7 崔浩的战略战术思想

生平及死因

崔浩（？~450 年）是北魏前期最著名的军事家、政治家。字伯渊，清河（今河北清河东南）人。聪颖好学，博览经史，精研百家之言，深为北魏三代帝王所器重。道武帝时为著作郎。明元帝时为博士祭酒，屡屡献策，后多应验。泰常元年（416 年），东晋刘裕伐后秦，明元帝不用崔浩之计，发兵与晋军战，被刘裕将朱超石击败。七年，刘裕病故，明元帝欲趁机攻取洛阳等河南之地，崔浩认为时机不成熟。明元帝坚持南伐，崔浩又提出先略地、后攻城的建议，也不被采纳。明元帝拜崔浩为相州刺史，加左光禄大夫，随军为谋主。到次年闰四月，北魏军虽夺得南朝宋河南诸重镇，但由于宋军抵抗顽强，北魏人员伤亡也相当惨重。此次战争结束后，崔浩因感慨多端，撰文20余篇，论述从上古到秦汉的历史变化及历代弊端，意欲魏帝有所借鉴。太武帝始光中，为太常卿。始光三年（426年），夏主赫连勃勃卒，太武帝欲趁机攻夏，群臣以为不妥。崔浩借天象以言机不可失，应速攻夏。太武帝亲率轻骑袭夏都，大胜而归。次年再攻夏，忽遇风雨扬沙，有人提议撤军，崔浩力主利用气候条件以击敌，魏帝从之，又获大胜。神䴥二年（429年），与诸文人撰写记载北魏历史的《国书》。这年，太武帝欲攻击柔然，群臣齐加反对，唯崔浩支持太武帝，并提出作战方略。太武帝采用崔浩之策，亲出攻伐。柔然纥升盖可汗向西逃遁，各部落降北魏者30余万落。柔然势力从此日益削弱。崔浩因此深得太武帝赏识，加侍中、特进、抚军大将军、左光禄大夫。太武帝规定：凡军国大事，诸尚书不能决断，都要先向崔浩咨询，然后再施行。四年，任司徒，改定律令，大整流品，明辨姓族，得罪于众。太延五年（439年），崔浩舌战群臣，辞旨严厉，促成太武帝率兵攻灭北凉，从而结束了十六国纷争的时代。以后崔浩续修《国书》，并铭石刊于道路。太平真君十一年（450年），太武帝诛崔浩，罪名是修史直书北魏先世事实，为"暴扬国恶"。关于崔浩之死因，学术界有多种见解，各有独到之处。有一点是比较明显的：崔浩身为汉人，得任要职，其文化背景与行事皆与鲜卑贵族不同，得罪的鲜卑皇亲贵族较多，这些被得罪的人对他的死是有必然责任的。

崔浩是北魏前期最杰出的战略家和谋略家，在参与策划和实施统一中国北方的战争中起了十分重要的作用。

决策用兵，高瞻远瞩

崔浩战略思想最突出的一点，就是主张先逐步消灭北方割据诸政权，反对在北方统一以前贸然进攻南朝。有的学者认为崔浩身为汉人，不愿南朝遭受兵火，所以一再劝阻魏帝对南朝用兵。不管崔浩本心是否如此，他的思想主张是从天时、地利、人事3方面综合考察出发，根据当时军事形势及发展趋势而确立的，是正确的战略决策。从政权结构看，南朝相对紧密、稳定；北方诸政权及敌对势力则往往分合无常，政权结构松散，易于击破。从人事上看，北方诸政权权力斗争频繁，中央的权力斗争往往引起下面部族首领的向背变化；而南朝的君臣关系则协和、稳定得多。从军事态势上看，如先击南朝，北方敌对势力易乘虚而入，两面受敌，难以取胜。从力量对比上看，南朝是统一的整体，"兵临其境，必相率拒战，功不可必"；北方诸敌对势力则是分散的，易于各个击破。事实证明，崔浩的战略主张切实可行。

因势施为，灵活应变，是崔浩的战术指导原则。始光四年（427年），北魏军攻夏都统万（今陕西靖边东北白城子），夏主赫连昌率军鼓噪出战，展开阵势分为两翼。恰逢风雨从东南方向而来，飞沙遮天，北魏军逆风为阵。宦官赵倪认为天气不利于战，劝魏太武帝撤兵。崔浩指出：赫连昌不断前行，与其后军已断离，北魏军正好趁此天气派出一支军队，潜行到夏军背后，突然攻其不备。他说："风道在人，岂有常也！"太武帝很欣赏他的战策，依计行事，大败赫连昌军。这一仗，本来风向对北魏军不利，但崔浩根据"风道在人"的思想巧布奇兵，造成己方由向风作战变为两面夹击敌人，使敌方由背风作战变为突然向风应战。

高瞻远瞩，追求长远效应，是崔浩作战部署的重要特点。泰常七年（422年），明元帝不听崔浩劝阻，乘刘裕新丧，发兵攻南朝宋。出征前，主将奚斤提出先攻宋河南诸城。崔浩认为，南方人长于守城，大兴军旅攻其小城，如果久攻不下，必然挫损军势。于是，他提出新的作战部署，即分派诸军攻掠其地，以淮水为限，分别设置官吏，收敛租税谷物。这样，使宋滑台（今河南滑县东）等城处在魏军北面，断绝其南来救援之路，河南之地的宋占诸城就可很快收回。崔浩的这个部署堪称良策，有四个优胜之处：一是可避免牺牲大量士兵；二是可通过掠取淮北之地切断滑台等城宋军对南边的倚恃；三是形成两面夹击宋军的态势；四是可以淮北之地的租谷补充军需，形成长期作战的态势，对滑台等城的宋军则形成直接威慑之力。

8 **宇文泰融合胡汉传统的军事思想**

生平与战绩

宇文泰（507～556年）是北魏名将，西魏军统帅，军事家。字黑獭，代郡武川（今内蒙古武川西南）人。宇文氏本为匈奴族，因世为鲜卑东部大人，遂视为鲜卑人。泰少有大度，轻财好施，专门结交贤士大夫。初先后随鲜于修礼、葛荣、尔朱荣征战，后以别将从贺拔岳。北魏永安三年（530年），从贺拔岳入关，平万俟（复姓，音Mòqí）强奴，行原州事。普泰二年（532年），助贺拔岳夺得长安，为贺拔岳左丞，领兵府司马。永熙三年（534年），贺拔岳被秦州刺史侯莫陈悦谋害，诸将推宇文泰继岳为帅。宇文泰帅轻骑西攻侯莫陈悦，大破其军，斩侯莫陈悦。以功任北魏侍中、骠骑大将军、关西大都督。这年，高欢立元善见为帝，是为东魏。宇文泰毒杀北魏孝武帝，立元宝炬为帝，是为西魏。西魏大统元年（535年），为都督中外诸军事、大行台，定新制24条。三年，高欢兵分三路进逼关中，宇文泰击败东魏骁将窦泰。又攻东魏，取恒农（今河南三门峡市）。继在沙苑（今陕西大荔南）大破东魏军，斩获8万人。又乘势东进，攻入洛阳，河南诸郡多降西魏。次年，统军援洛阳，初败于邙山，次日复振，大破东魏军。九年，广募关、陇豪右，以增军旅。十六年，高洋废东魏孝静帝，自立，国号齐，是为北齐文宣帝。宇文泰出兵攻齐，无功而还。这年，确立了府兵制度。废帝三年（554年），改造官爵制度。同年，出兵攻破南朝梁江陵，俘杀梁元帝。恭帝二年（555年），免梁俘为奴婢者数千口。次年，仿《周礼》建置六官，为太师、大冢宰。同年十月病卒。

决策建军，融合胡汉

宇文泰久经战阵，既有冲锋陷阵的经历，又长期运筹帷幄，决策战争，部署作战，造就了较高的军事艺术。他主持西魏军政后，十分重视军队的建设和发展，形成丰富的建军治军思想。

在战略上，宇文泰能在对形势作综合分析的基础上，制订利于军事力量发展的方针。北魏末，高欢势力最盛，宇文泰欲佐贺拔岳发展实力，与高欢抗衡，确立了如下战略：以长安为根基，利用河西地区户口殷实，移军近陇，扼其要害，以威德征服其民，收其士卒战马，充实自己的军队。这样向西可安定氐人、羌人，向北可绥靖沙漠塞外。按照既定方针，其军事力量得以发展。东、西魏分立之际，西魏兵力不如东魏。由于不断以关、陇豪右扩充军旅，西魏兵力渐强于东魏。以后北周能灭北齐，很大程度上也得益于此早期战略。

在战术上，宇文泰善于以弱击强，集中兵力击敌一路，使他路敌军不战自退。潼关之战，东魏高欢趁关中饥荒，兵分三路讨西魏。宇文泰分析敌情后认为：高欢所领一路在黄河架桥示渡，目的在牵制我军，以使窦泰所领一路乘虚由潼关西入。窦泰乃高欢骁将，部下多锐卒，屡胜而骄。出其不意奇袭其军，必然取胜。战胜了窦泰，高欢则不战自退。诸将认为高欢军近，窦泰军远，不应舍近袭远。宇文泰回长安向直事郎中宇文深咨询，深的见解正与其相合。宇文泰于是声称要退保陇右，同时又率军东向潜出小关（今陕西潼关东）。窦泰军措手不及，尚未成列，已被宇文泰纵兵击破。高欢与高敖曹所率两路东魏军闻讯，分别撤回。

在军队建设上，宇文泰注意兵源的扩大和军队组织体制的改良。为扩大兵源，他招募豪右以增军旅，并通过这些豪右利用宗亲、乡里关系招募更多的农民。又使地方的乡兵逐步纳入中央统领的军队系统。他根据民户的户等、丁口、财力条件，籍部分中等户以上的编户民丁为兵。军队组织体制的改良，主要表现于府兵制的创设。府兵制在形式上采用鲜卑旧有的八部之制，把以禁旅为主的部分军队分隶于24个开府，分统于6个柱国大将军。这种制度注重将领与兵士间的结合，目的在于改善士兵地位，提高其作战能力。府兵制对以后北周、隋及初唐的兵制有较大影响。

宇文泰是少数民族中涌现出的军事统帅。他的军事思想与作战艺术，熔汉族传统军事思想与北方少数民族军事传统于一炉，具有鲜明的特色。

五　隋唐五代兵家的
多样性特征

文化背景与战争类型

　　公元 581 年，北周相国杨坚受禅建隋。960 年，赵
匡胤发动兵变，推翻后周。这中间，经历了隋、唐及
后梁、后唐、后晋、后汉诸朝代。史称这一历史时期
为隋唐五代。

　　隋立国后，改传统的州、郡、县三级制为州、县
两级制。发展国防力量，南向平陈，统一中国。北边
以刺史兼辖数州军事，防御突厥。隋前期注意经济的
发展，并进行大规模人口普查，使人口与仓储都有较
大增长。隋又发展内地与边疆（包括台湾）的商贸等
联系，向西方的商路不断延伸。后期则进行了开凿大
运河的伟大工程。隋炀帝杨广贪图开边耀武，因高丽
王不肯来朝，三次派出大军进攻高丽，耗费了大量的
人力和物力，加重了人民的负担，使农民起义的星火
迅速形成燎原之势，加速了隋帝国的灭亡。

　　唐初君臣注意吸取隋朝迅速灭亡的历史教训，改

进并发展隋朝的各种制度，尤其在拔擢人才方面有突出的表现。从高祖李渊、太宗李世民到玄宗晚年的百余年间，国内经济由于政治的稳定不断发展，出现了贞观、开元等盛世。唐前期与东突厥曾有过连年战争，后来双方讲和互市。唐又灭西突厥，实现在天山南北的统治；又通好吐蕃、南诏，与日本等国家发展友好关系。文化方面呈现兼收并蓄的特点，诗歌创作发展到顶峰，多种宗教竞相发展。755 年，安禄山发动叛乱。虽然叛乱在 8 年后结束，唐朝统一繁盛的局面却一去不复返。以后，藩镇割据势力尾大不掉，宦官权势不断膨胀，与吐蕃关系恶化战事不断，成为严重影响社会经济发展的政治痼疾。唐晚期，朝廷中宦官专权，朝臣结党，地方上藩镇内部争斗不已，接着是农民起义纷起，王朝统治摇摇欲坠。一些藩镇因镇压农民军而拥有更多的地盘，滋生出更大的野心，或举兵向阙，或抢夺皇帝，以图控制全国。最后，朱温废唐哀帝而建立后梁政权，历史进入五代十国时期。

五代十国是战争不已的动乱的时代。朱温称帝时，还有李克用及其他几个藩镇存在，他们各控制部分区域，长期争夺地盘与人口。以后的后唐、后晋、后汉时期也是如此。后周时期局势稍有转变，周世宗柴荣着手恢复中原农业经济，整顿军队，并收复了契丹占据的许多要地。与北方相比，南方的几个小国战事少些，纵有战事，规模一般也不大，因此南方的社会经济和文化有一定发展。

隋唐五代的战争主要有四大类型：一是朝廷军队

与地方割据势力间或各割据势力之间的战争；二是朝廷军队与农民军及其他反政府武装的战争；三是与周边部族如突厥、吐蕃等的战争；四是与邻国主要是与高丽的战争。战争的类型与形式纷繁多样，是这一时期最突出的特色。战争规模巨大，为期甚长，地缘性强，多民族参与，是这一时期战争的重要特点。如隋炀帝征高丽，一次用兵数逾百万；唐平安史之乱的战争，历经 8 年之久；战争主要集中在北方；除汉族外，突厥、吐蕃、契丹、奚、南诏、高丽、靺鞨、百济、铁勒等数十个部族卷进了战争。唐军将士中亦多异族成员，各族在战争中加快了融合的进程。

隋唐五代的著名兵家，都是久经战阵的统帅、良将或谋臣。他们的兵法往往经过战争实践的洗礼，军事思想大都内容丰富，成为宝贵的军事文化遗产。同时，无论是军事思想或作战指挥艺术，他们又特色各异，显现出多样性特征。杨坚、李世民、李靖、郭子仪、郭崇韬、柴荣是其中富有代表性的人物。

 杨坚的战略与国防思想

杨坚（541～604 年）是隋朝的开国皇帝，即隋文帝，著名政治家、军事统帅。弘农郡华阴（今陕西华阴东南）人。其父为北周柱国大将军、隋国公杨忠。杨坚 14 岁为功曹，15 岁为散骑常侍，16 岁为骠骑大将军，后为大将军，袭父爵为隋国公。北周建德五年（576 年），率水军 3 万，击破齐军。次年，随周武帝灭齐，进位柱国大将军。静帝宇文阐年幼即位，他任左大丞相，总揽军政大权。随即革除暴政，任用贤能，崇尚节俭，颇得民心。相州总管尉迟迥、青州总管尉迟勤、郧州总管司马消难、益州总管王谦起兵反杨坚，杨坚遣将讨平。581年，杨坚受周禅，建立隋朝，改元开皇。他改革官制，减轻赋役，统一钱币，颁布新律。开皇三年（583年），发兵出塞攻突厥，大破沙钵略可汗。继而利用突厥可汗间的矛盾，促使突厥内乱，分裂为东西两部，消除了北面的威胁。四年，命宇文恺开广通渠，从大兴城（今陕西西安旧城北）东引渭水，东到潼关300余里，以便漕运。五年，命州、县设义仓，积谷备荒。六年，在朔方以东沿边险要之处增筑数十城。八年，大举攻陈，次年灭陈。至此结束了270余年南北分裂局面，重新统一中国。十年，遣将平定江南士族豪强的叛乱，使南北统一趋于稳定。杨坚改革西魏、北周以来的府兵制，令军户编入农户，垦田籍账，与民相同。十八年，遣将统兵30万攻高丽，因粮运不继，又遇疫疾大风，兵士多死，被迫撤还。仁寿四年（604年），卒于仁寿宫。据说为太子杨广所害。

杨坚青年时为北周将领，参加过攻灭北齐的战役；中年以后为北周和隋的最高军事统帅，制定战略，决策军机大事，具有丰富的实战经验和较高的军事领导艺术。

在战略上，他能冷静分析军事形势，采纳群臣意见，调整战略步骤，使战略方针臻于完美。隋初立国，为迅速统一南北，以贺若弼为吴州总管，镇广陵（今江苏扬州），韩擒虎为庐州总管，镇庐江（今安徽庐江西南），潜作灭陈的准备。开皇二年，突厥五可汗率40万众入长城，西北六郡牲畜被抢掠一空。杨坚综合群臣的意见，认识到必须先打击突厥，使其不敢南下攻扰，方可举大兵灭陈。于是利用陈宣帝之死，以"礼不伐丧"为名撤回攻陈之军，并多次遣使入陈，与陈朝修好。这样，战略部署由先灭陈朝转变为"南和北战"，先击北后攻南。在打击突厥的战略制定上，他采纳奉车都尉长孙晟的主张，利用突厥内部诸可汗间的矛盾，实施远交近攻、分化其力量的策略。当时突厥诸可汗分居四方，杨坚遣使结好西边的达头可汗和东边的处罗侯等部，同时加紧备战。开皇三年，下令反击突厥。由于战略决策正确，对突厥的反击战打得成功，使此后10余年间突厥不敢南下牧马，从而赢得了进行灭陈准备的时间。灭陈之战，隋军准备充分，无后顾之忧，所以进展较快，进军部署基本能顺利实施。

在战争的准备上，他能重视综合国力的提高，兼顾多方面力量的蓄积。为增加国家编户壮丁，采取大索貌阅和输籍定样等措施，两次查出60多万壮丁，确定乡村户等，扩大国家赋税收入，增加兵源和劳役对象。他还注重发展农业生产，储积粮食，广建粮仓。到杨坚末年，储积的粮食可供食用数年。官制和刑律的改进，也有利于军事力量的征调和运用。

杨坚是有杰出才能的军事家，但他不悦诗书，素无学术，军事修养未能充分酿成。晚年未经周密部署，即遣大军攻高丽，造成重大损失。论其在兵家史上的地位，应有一席之地，但未能跻于曹操、李世民、成吉思汗、努尔哈赤等杰出的军事统帅之列。

 李世民尚权贵速、安不忘危的兵学思想

生平与战功

李世民（599～649年）是唐朝第二代皇帝，即唐太宗，杰出的军事家、政治家。出生于武功（今陕西武功西北）。少时应募从军。其父太原留守李渊早有叛隋之心。隋大业十三年（617年），义军纷起，李世民积极谋划，消除李渊顾虑，起兵反隋，向突厥称臣，引兵西进，渡河入长安。次年，李渊建立唐朝，李世民任尚书令、右武侯大将军，封秦王。以后，在唐统一全国的历程中，秦王李世民起到非常重要的作用。武德元年（618年），率兵击溃薛仁杲10余万军，逼其投降，夺取了陇西。二年，加左武侯大将军，率兵东渡黄河，与刘武周部将宋金刚对峙。次年，大败宋金刚，收复太原。四年，大败河北窦建德，迫降割据洛阳的王世充。五年，大破窦建德旧将刘黑闼，击败叛将徐圆朗，迫降江淮义军首领杜伏威。于是河南、河北尽归唐有。李世民被封为天策上将，后领左、右十二卫大将军。七年，东突厥颉利、突利二可汗率众南侵，他用反间计使二可汗相互猜疑，不战而退。八年，任中书令。九年六月，发动"玄武门之变"，杀其兄太子建成、弟齐王元吉，被立为皇太子。八月，李渊传位于世民，称太上皇。不久突厥两可汗又率兵至渭水，世民亲出，责其背盟，迫其结盟而退。贞观二年（628年），乘突厥内乱，攻灭依附突厥的梁师都，笼络薛延陀部。四年，大破突厥，俘获颉利。以后，遣将击吐谷浑，和亲吐蕃，灭高昌、焉耆、龟兹等西域小国。贞观二十年（646年）命李世勣统军平薛延陀汗国，使铁勒诸部均请内附。此前一年，亲征高丽，因久攻安市（今辽宁海城南营城子）不下，又值天寒粮少，不胜而回。二十三年五月病逝。

战略与国防思想

李世民少从军旅，足智多谋。在起兵反隋及唐统一全国的战争中，历经锤炼，成就雄才大略。他即位后，选贤任能，兼听纳谏，开创"贞观之治"。军旅闲暇，他注意阅读兵书，以史为鉴，成为理论与实践相结合的杰出兵家。他的军事思想的光辉，至今仍闪耀于《新唐书》、《旧唐书》、《资治通鉴》、《册府元龟》及《唐太宗李卫公问对》等典籍之中。

首先，唐太宗李世民能够从战争全局出发，抓住关键环节制订战略方针。武德元年对陇右薛举、薛仁杲父子的战役中，第一次会战因急于求战而大败，李世民总结教训，确立了双方对峙后坚壁不战的方针。不论薛仁杲军怎样挑战，麾下将领如何请战，他坚持不战，在高庶（今陕西长武北）与薛军对峙了60余天，直到薛仁杲军粮尽，军心动摇，然后才奇兵与正兵交用破敌。武德二年至三年消灭刘武周割据势力的战役中，仍采取坚壁不战以待战机的战略，在柏壁与宋金刚相持约 5 个月，终于利用敌人北撤之机，连战破敌。两次战役抓住的关键是：敌军锐气正盛，当避其锋，挫其锐。敌人倾其精锐来会战，军中积蓄却不足，利在速战，不能持久。因此，在战术上，他双管齐下，保证战略目标的实现：一是招民复业，收集粮食，充实己方军食；二是分兵断敌粮道，使敌人粮草不继。这些都显示出李世民的大智大勇，也说明他善于分析敌我双方的优点和弱点，利用己方的优点和敌方的弱点。

注重发挥优势兵力，攻坚克锐，是李世民作战运筹的主要特色。他在战略上一贯奉行坚壁防守以应强敌的方针，但并不意味着不打迅速决战的攻坚战。在战略防守阶段，他的优势兵力也保持着灵动迅猛的特点。唐军的优势兵力是骑兵，作战时，或袭扰敌人阵后，或由侧面迂回，或由正面直突，都保持着速度快、威力猛的特点。在战争的相持阶段，他善于调动精骑去切断敌人的粮道；在主力决战的当头，他精于运用精骑给敌以迅雷不及掩耳的冲击；在敌人溃退时，他往往利用精骑的高速度来追击穷寇，力求重创或全歼败逃之敌。他认为："兵法尚权，权在于速。"这个指导思想在精骑的运用上可谓臻于化境。

在国防上，李世民强调以国家安定为目标。国防建设和战略决策要围绕着使国家富强、百姓安定来施行。"安不忘危，治不忘乱"，这是唐太宗治国治军的重要指导思想。安定的关键是争取民众的支持拥戴，因为"民为邦本，本固邦安"。执政者尽力为国，使百姓安居乐业，这是国家最重要的"甲兵武备"。根据这个思想，他广纳群策，薄赋役，轻刑罚，内修政治，外安诸族，开创"贞观之治"的繁盛局面。他对突厥远交近攻，对吐蕃采取和亲政策，以武力平定高昌等国，都是围绕国家安定这一目标进行的。但他晚年亲征高丽的行动，却有违既定的方针，反映了其后期思想的变化。

李世民实行任人唯才的政策，比较能听取群臣的意见，因而其身边聚集了一批敢直言进谏的良臣，军中不乏能征善战、治军有方的良将。他曾说：用人只问能否胜任，不能对新人故旧采取不同的择用标准。他认为：能安天下者，只在得到贤才。唐初名将李靖曾是李渊的仇人，李勣曾是瓦岗军将领，尉迟恭是宋金刚部将，如此之人甚多，都被李世民善加抚慰，委以重任，以后屡建军功。

李世民是中国古代最杰出的帝王之一，他的军事思想相当丰富，为唐王朝的统一大业和安定繁荣起了指导性作用，在兵家史上留下辉煌的一页。

 4 李靖的兵学思想

生平与兵学著作

李靖（571～649年）是唐朝军事家。字药师，京兆三原（今陕西三原东北）人。少通史书，颇有大志，常与其舅隋名将韩擒虎讨论兵法，深得其舅赞赏。隋时曾任殿内直长、驾部员外郎、马邑郡丞，很得名将杨素赏识。李渊起兵攻占长安后，因与其有隙，将斩之，他大呼："公起兵为天下除暴乱，欲就大事，以私怨杀谊（义）士乎？"李世民也请求释放他，遂获释。后从征王世充，以功授开府。唐武德三年（620年），赵郡王李孝恭征侵扰夔州（今四川奉节东北）的冉肇则，出战失利。李靖率800名士兵，破其险要，设伏斩冉肇则，俘获5000多人，得到李渊信任。次年，为助李孝恭平定割据江陵的萧铣，献平铣十策，因拜行军总管，兼孝恭行军长史。九月，李孝恭从靖之策，大败敌军，逼降萧铣。李靖入城，号令严明，宽大敌将校之家，大得人心。后晋升为上柱国大将军，任岭南道抚慰大使，招抚了岭南96州，户60余万。六年，辅公祏据丹阳（今江苏南京）反唐，李靖协助李孝恭统七总管兵东讨。次年，先破辅公祏部将冯惠亮之策，自率精卒水陆并进，与敌苦战，杀伤万余人。乘势率轻兵直奔丹阳，大破敌军，生擒公祏。李渊盛赞其将略，认为古代名将韩信、白起、卫青、霍去病犹不及李靖。八年，突厥侵扰太原，李靖任行军总管，统江淮兵万人屯于太谷（在今山西）。当时诸将多败，唯独李靖不损兵卒而归。次年，击退东突厥颉利可汗军。太宗即位后，历任刑部尚书、检校中书令、兵部尚书。贞观四年（630年），大破颉利可汗于阴山，斩首万余级，俘男女10余万口，拜尚书右仆射。后任畿内道大使，以足疾上表辞官。太宗称其为一代圭臬，并授特进。贞观八年（634年），因吐谷浑入侵，李靖被任命为西海道行军大总管，统五总管兵西击吐谷浑。次年，用侯君集之策，大战数十次，杀获甚多。吐谷浑可汗伏允自杀，其子大宁王慕容顺率部归唐。李靖回师后，自知功高身危，闭门谢客。后封卫国公。辞官后，太宗仍常征询他对军国大事的意见。二十三年，病卒于家中。临终，太宗亲幸其第，流涕而为之忧伤。同年，太宗亦病卒。

李靖少年习兵法，颇有心得，中年以后统兵作战，凡战皆胜，军事理论基础深厚，战争实践经验丰富，二者相得益彰，使其军事思想内容丰富，军事艺术境界极高。他少年通史书，以史为鉴，又成为其军事思想深厚的一个因素。他晚年辞官谢客后，常应太宗征询，与之讨论军国大事和兵法，使其军事思想得到很好的总结。他曾著《六军镜》、《韬钤秘术》、《总要》等兵书，可惜都亡佚了，只有《卫公李靖兵法》的部分内容散见于《通典》、《太平御览》等类书、政书中。新旧《唐书》及《资治通鉴》等，也有反映其军事思想及作战艺术的记录。《武经七书》之一、传世兵书《唐太宗李卫公问对》，虽非其亲撰，但很可能是后人对他言论的辑录，其中也许有后人附益的部分，但其基本内容反映的是李靖的军事思想。

尚速贵料敌，奇正变无穷

兵机以速为神，是李靖作战指导思想之一。作战须抓住战机，而其关键是用兵神速。进击萧铣之战，唐军将下三峡时，正值秋水涨，萧铣认为唐军必不敢冒险而下，不加防备。唐军诸将也请暂停东下，以待水退。李靖指出：现在正是极好进机，应乘水涨之势，瞬间抵敌城下，攻其无备，必获大胜。李孝恭用其策，迅速取胜。击灭东突厥之战中，李靖先大破颉利可汗之军；颉利为保存实力，遣使入朝谢罪，请求内附。唐太宗亦遣使前往突厥牙帐安抚。李靖与李勣会师合谋，认为颉利虽败，其兵尚众，若不击灭之，后患无穷；今唐使至其牙帐，必懈而不备，正是迅速击之的好时机。李靖选精骑 1 万，带上 20 天的干粮，乘夜奔袭。最后终于大获全胜，亡东突厥。

用兵必先料敌，这是李靖制订战略战术的基本原则。他继承孙武"知己知彼"的思想，强调将帅决策，必须"料其彼我之形，定乎得失之计"。所谓"知己知彼"，包括明察为将的才能，掌握敌方之强弱，明断地理形势，审察时机变幻，做到先握胜算而后战。

李靖作战指导思想中最精彩的部分，是对于"奇正"的阐述和发挥。孙武的"奇正"思想，历来为兵家所重，李靖对之作出超乎前人的发展。他把"奇正"的内涵分为两方面，一方面指兵力的使用，即奇兵和正兵；一方面指战术的灵动变化，如方阵中队形的变化。值得注意的是，他不满足于孙武"以正合，以奇胜"的要则，提出："善用兵者，无不正，无不奇，使敌莫测，故正亦胜，奇亦胜。"他强调临时制变、奇正相生，指出平时区分奇正只是为了训练而采取的方法，而临战时的奇正变化则是没有穷尽的。他认为奇正之分，不能拘泥于先后和正侧，关键要懂得奇正相变是循环无穷的。

李靖在治军练兵等方面，也有精彩的论述。他统军作战是常胜将军，谈兵析理多过人之处，总的特点是讲究灵活性和辩证分析。他的军事思想内容丰富，代表了中国中古时代的兵学成就，是兵家史上引人注目的一页。

 ## 5 郭子仪的平乱方略

郭子仪（697～781年）是唐朝著名军事家。华州郑县（今陕西华县）人。天宝十四载（755年），安史之乱发生，他任朔方节度使，率军攻击叛军，攻拔叛军占据的静边军（今山西右玉）、马邑（今山西朔州）。十五载，与河北节度使李光弼会合，大败史思明、蔡希德，河北10余郡杀叛军守将归之。七月，率兵5万至灵武（今宁夏灵武西南），护卫新即位的太子李亨（即唐肃宗）。授兵部尚书、同中书门下平章事。十一月，讨平进逼灵武的叛军。至德二载（757年），击破叛将崔乾祐，平河东郡（治今山西永济西南）。为天下兵马副元帅，率兵进到长安附近，与叛将李归仁等三次交锋，大破叛军，斩杀6万人，收复长安。又随元帅广平王李俶乘胜东进，收复洛阳。以功加司徒，封代国公，受命经营河北。乾元元年（758年），任中书令，与李光弼等八节度使攻安庆绪，在获嘉（今属河南）大破安庆绪部将安太清部，在卫州（今河南卫辉）俘斩安庆绪之弟安庆和。次年，引军退守河阳（今河南孟县南），任东畿、山东、河东诸道元帅，不久受观军容使鱼朝恩排挤，被解除兵权。宝应元年（762年），因河东、绛州（今山西新绛）等处兵变迭起，代宗封子仪为汾阳郡王知朔方、河中、北庭、潞泽节度行营，兼兴平、定国等军副元帅，以镇抚诸军。子仪至绛州斩首谋为乱者40人，河东诸镇因此稍安。不久由河东入朝，又遭宦官程元振谗毁，再度被解职。次年，吐蕃攻陷陇右诸城，威胁长安，朝廷以子仪为关内副元帅，未及集兵，吐蕃已入长安。子仪到商州（今陕西商县），收兵得数千人，巧用疑兵之计，使吐蕃兵退出长安，收复京都。广德二年（764年），原朔方节度使仆固怀恩引回纥、吐蕃军10万进逼关中，子仪出镇奉天（今陕西乾县）。回纥、吐蕃兵见子仪坚壁以待，知有防备而退。次年，回纥、吐蕃转围泾阳（今属陕西），逢仆固怀恩暴死，不睦而分营。子仪相机亲赴回纥大营，说服其主帅，与回纥结盟，大破吐蕃兵。大历二年（767年），讨叛唐的华州节度使周智光，华州牙将杀智光而降。大历八年（773年）以后，多次击退来犯之吐蕃。十四年，德宗即位，尊子仪为尚父，加太尉兼中书令，罢所领副元帅等职。建中二年（781年）卒。

郭子仪武举出身，投身军伍数十年，在唐玄宗、肃宗、代宗、德宗四朝为将，多立战功，是唐军平息安史之乱、抵御吐蕃入侵的主要功臣。

审时度势确定战略方针，使郭子仪的军事艺术达到较高的水平。他晚年，根据西北边少数民族的兵力及与唐的关系，认为吐蕃、党项、吐谷浑为唐边境的主要威胁，对回纥则应尽量缓和，争取结盟关系的长久。与此相应，他提出的战略对策是：从内地各道调集精兵，屯守朔方各重镇，坚持长期备战。他确定的这个治边战略，对于保证边境的长期安定具有重要的意义。

在作战指导上，郭子仪较注重根据敌我力量对比，确定具体战法的原则。天宝十五载（756 年），与李光弼合兵 10 余万连败史思明后，屯于恒阳（今河北曲阳）。当时唐军与叛军兵力相当，若强行决战，必有大的伤亡。子仪决定深沟高垒以待敌，敌来则守，敌去则追，夜晚以精兵袭击敌营。这样使急于决战的史思明部及其援军蔡希德部完全陷于被动，史思明部被弄得十分疲惫。子仪抓住战机，出兵恒阳东嘉山，大败叛军。收复长安之战，吐蕃率党项、吐谷浑、氐、羌等兵达 20 万，子仪仅收集得散卒守兵 4000 人，不可能与敌正面作战。他命令将士白天扬旗擂鼓，夜晚多燃苣火，使吐蕃不知唐军虚实，引兵退出长安。

郭子仪在唐王朝危亡之际，内击叛军，外抗强敌，为维持唐朝的统治和国家的安定作出了重要的贡献。当他 80 高龄之时，仍忧心边陲，入朝谏事，尤其令人钦佩。

 6　郭崇韬知己知彼的战局分析

郭崇韬（？~926 年）是五代后唐军事家、谋臣。字安时，代州雁门（今山西代县）人。为人明敏，善于应对。初为唐朝昭义节度使李克修典理事务，廉正而有才干。后归晋王李克用，用为典谒、教练使。李存勖继王位后，为中门使。时逢契丹入寇，诸将听说契丹兵众，提出退兵。李存勖犹豫不决，崇韬力排众议，说服李存勖挥军击破契丹前锋。龙德三年，李存勖称帝，崇韬受命为兵部尚书、枢密使。于博州（今山东聊城东北）东马家口筑新城，诱后梁来攻，力战梁军。后与李存勖合兵击敌，解杨刘（今山东东阿东北杨刘镇）之围。又献策破梁，李存勖用其计，先破中都县（今山东汶上），俘斩后梁名将王彦章；旋奇袭汴州（今河南开封），一举灭后梁。崇韬以功授侍中，兼领镇冀州节度使，封赵郡公。后唐同光三年（925年），大举伐前蜀，皇子李继岌为帅，崇韬为招讨使副之，总管军政。文武兼施，书檄先行，大军后进，所至不战而降，仅70天灭蜀。他以天下为己任，遇事无所回避，上疏陈天下利害25事。因劝李继岌勿用宦官，为宦官所恨，在李存勖、刘皇后前诽谤诬陷崇韬。刘皇后遂于同光四年（926年）正月，令李继岌杀崇韬于成都。崇韬子5人，亦先后被杀。崇韬死后，汉人夷将，都以为冤。

郭崇韬身处战乱之世，尽忠后唐，屡献奇谋，灭梁平蜀，谋议佐命之功居第一。其军事艺术，有可称道之处。

知己知彼，因敌制胜，是郭崇韬的作战指导思想。公元922年，契丹军攻定州（今属河北），李存勖率军往援，闻契丹大军将至，军心浮动。崇韬分析道：契丹帝阿保机只是为掠取财货而来，无心决战，只要他的前锋稍受挫折，必定撤兵。后来战况的发展完全如其所料。次年，梁将王彦章等猛攻杨刘，崇韬掌握了敌将急于攻城的心理，渡河在马家口筑新城，诱王彦章引兵来攻，以缓解敌军对杨刘的攻势。最后与李存勖合兵退梁军，解杨刘之围。

综合分析形势，确立正确的战略，是郭崇韬军事思想的可贵之处。灭后梁之役前夕，诸将听说后梁召诸镇兵大举来攻，主张以河为界，与梁和约罢兵。崇韬向李存勖分析梁、唐双方情势，指出：双方争战10余年，现已是急取成功、与民休息的最后阶段，倘弃郓州（今山东东平西北）之地而指河为界，民心失望，谁来守之？现军粮资饷耗亡大半，所据诸州秋粮不丰，如按兵持久，粮饷不支，何以维持？现后梁大军志在收复失地，汴州空虚，应留兵守杨刘，通过扼守沿河要点牵制梁军主力。李存勖亲统大军，兼程而行，直指汴州，汴城无兵，望风自溃。如果夺得梁都，梁将自然倒戈，半月之间，天下必定。李存勖非常赞赏其谋划，率大军渡河，完成了灭后梁之役。实践证明，崇韬的战略谋划兼顾了民心向背、粮饷军备、敌人军力部署等方面情势，抓住了安危存亡的关键时机，使后唐一举转变战局，变战略被动为战略主动。灭前蜀之后，崇韬部署：先招降凤州节度使王承捷，取其丰足的军储，使师无匮乏，军声大振；一路传谕告示，使不少蜀将望风归降。这在战略决断上，遵循了足食强兵、不战而胜的原则，所以能迅速取胜。

郭崇韬很少亲自冲锋陷阵，而是靠其过人的智慧对战争形势和战场变化进行精辟的分析，作出战略决策和作战指导。他的理论从战场分析而来，又用于作战指导，具有理论与实践相结合的特点。

7 柴荣的战略与治军思想

柴荣（921～959年）是五代后周第二代皇帝，即周世宗。五代末期后周军事统帅。邢州龙冈（今河北邢台）人。后周太祖郭威为其姑父。荣幼从姑母生长在郭威家，因收为子，改姓郭，即位后回复本姓。少即器貌英奇，善骑射，略通书史与黄老之学，性格沉重少言。后汉初，郭威为枢密使；荣为左监门卫大将军，后为天雄牙内都指挥使。郭威称帝后，封荣为镇宁军节度使。广顺三年（953年），荣任开封府尹，被封晋王。次年正月，为检校太尉兼侍中，总管内外兵马事。当月，郭威病逝，荣即皇帝位。二月，北汉主刘崇趁其新立，联合契丹攻周。三月，他不顾大臣劝阻，率军亲征，战于高平（今属山西）。大将樊爱能、何徽临阵逃跑；柴荣亲自督战，加上宿卫将赵匡胤等力战，终于大破北汉兵，契丹亦退，稳定了政局，始为臣僚信服。自高平回师后，总结经验教训，整顿军队，改良军制。显德二年（955年），确定统一天下的战略步骤。次年率军亲征南唐，围其重镇寿州（今安徽寿县）。五月回开封建造楼船，组建水军。四年，再次亲征，水陆并用，攻克寿州。十月，3次亲征南唐，尽得淮南14州60县。六年（959年），率军北出征辽，欲收复石敬瑭割让给契丹的幽蓟十六州。先克瓦桥（今河北雄县）、益津（今霸州）、淤口（今霸州东信安镇）三关，既而收复瀛（今河北河间）、莫（今任丘）、易（今易县）等州。正欲进取幽州（今北京），忽病重，只好班师南归。六月，病卒于东京（今开封）。

周世宗柴荣锐意统一中国，惜英年早逝，大业未成。他死后半年，赵匡胤在其基础上建立宋朝。又历时25年，宋基本结束唐末五代以来的分裂局面。柴荣的文治武功，是北宋统一的奠基石。

决策果断，应变及时，是柴荣指挥作战的重要特色。柴荣新立，北汉主刘崇联契丹南攻，企图灭后周。针对刘崇轻其年轻新立，柴荣率军亲抵前线，这种果断决策对将士无疑有较大激励作用。所以当两军前锋初遇，北汉军就因轻敌而失利。刘崇在高平南之巴公原分兵列为三阵，欲与后周军决战。当时后周后军尚未赶到，如等其赶来，前锋已被击破。柴荣果断决定：亦分兵为左、右、中三军，与北汉兵对阵相峙。同时派出一支人马，北上直奔江猗岭（今山西长子西南），切断北汉军退路。双方初接战，右路樊爱能、何徽惧北汉兵势盛逃遁，步卒千余人投降。在此危急关头，柴荣及时应变，引亲兵冒矢石督战，全军合力，虽兵少于北汉，却对北汉军形成夹击之势，最后取胜。如柴荣在危急关头稍有迟疑，战局顷刻就会向相反方向转变。

审时度势，因敌情而调整战略部署，是柴荣亲征南唐的宝贵经验。第一次攻南唐，开始所向皆捷，后南唐全面反攻，又遭连日大雨，后周军无水战装备和能力，遂迅速调整部署，放弃已夺得的滁、扬等州，合兵围困寿州。柴荣返回东京，下令建造楼船数百艘，加上先已夺得的南唐的约百艘战船，组建水军，训练水战。柴荣二次攻唐，充分利用新建的水军，与原有的步骑兵密切配合，先重创援救寿州的唐军，再取得寿州。这次胜利，充分说明柴荣对原战略部署的两大调整是及时而正确的。这次胜利为不久三攻南唐、尽得淮南 14 州地开辟了道路。

整顿中央军队，改革军制，提高军队战斗力，是柴荣所以能南伏南唐、北迫契丹的重要前提。高平之战后，柴荣及时总结由于樊爱能等逃跑使周军险些战败的教训，着手整顿中央军队。首先，严饬军纪，厉行赏罚，处死樊爱能等败逃的将裨，重赏有功的将领。第二，从方镇兵中挑选强壮勇健者编入中央禁军，严格训练制度，将禁军中年老体弱者放免还乡。第三，建设殿前军，作为禁军中核心，专门选拔武艺超群的军士组成。这些措施，使后周中央军队战斗力迅速提高，说明柴荣具有较强的治军能力。初攻南唐后，能迅速训练出一支强大的水军，也证明了柴荣的治军能力。

在五代诸帝中，柴荣是最优秀的一位，军事才能也相当突出，在兵家史上应有一席之地。

上述 6 位兵家，兵学思想与军事艺术各具特色，李靖为其中佼佼者，略具综贯各家之长的特点。

六 宋朝兵家的思想及其著作

 文化背景与兵学发展的关系

宋朝分为北宋、南宋两个时期，960～1127年为北宋，1127～1279年为南宋。

北宋初，在政治上努力加强皇权的封建专制，地方上武官担任的高级职务渐由文官担任，地方上的财政划归中央专设的机构，地方上的精兵编入禁军的系统。朝廷的权力实行分割与相互制约，如枢密院掌军事，统兵却归禁军三衙；又有御史台对百官实施监察。这些措施，使得宋朝的内部战争有一个突出特点：因地方势力膨胀而引发的战争几近绝迹，内部战争主要表现为农民和少数民族的起事。

北宋初确立的政治制度，成为官僚机构日益庞大并日益腐化的温床。为防止贫苦农民的起事，北宋初又确立了募兵养兵的基本国策，军队数量越来越庞大，国库的亏空也越来越严重，对农民的剥削随之而加重，农民的起事也就更加频繁。

北宋初形成的皇权的过分强化和以文制武的局面，

成为宋朝对外来军事威胁一贯表现软弱的一个原因。979 年的高梁河（今北京城西北）之战和 986 年的岐沟关（今河北涿县西南）之战，北宋大败于辽，对辽便基本采取了守势。北宋中期与西夏的战争，宋军往往进退失据，疲于应付。北宋末年与金的战争，宋一直处于被动挨打的境地，以致最后乞和不成，被金军攻破东京，掳走徽、钦二帝，北宋灭亡。南宋时期，对金作战采取消极防御战略，虽然屡屡击退金军的进攻，却不能乘胜北进，始终不能收复中原失地。南宋后期，宋军与蒙古军联合灭金，结果却是为蒙古扫清了南攻的障碍。南宋又不能及时调整战略，仍沿袭对金的防御策略，使战争的主动权始终操于蒙古军之手。宋军被动挨打，最终被蒙古人建立的元朝所灭。

宋朝军事上的积弱和对外战争的长期处于劣势，不可能造就大批杰出的军事家，狄青、岳飞那样的名将不可多见。

另一方面，宋朝军事现状却引起了很多学者的关注。北宋王朝何以积弱积贫以致亡国？南宋王朝为何不能扭转战争的局面？诸多问题，促使一些有志之士潜心研究兵法，研究历史以比照现实，或发奋写成兵书，或上书献策，力图从兵学角度找到问题的答案。一些官员在战争实践中悉心总结经验教训，撰为专著，以警世人。同时，宋代学派林立，学派间的论争风行一时，这种风气也影响到谈兵论武的领域，带来宋代兵学论著风格多样、议论风发的特点。宋代的兵学论著中，固然不乏新颖深刻的识见，但纸上谈兵、不切实际或迂阔拘泥者亦不少。这种风气的盛行，与统治者的提倡不无关系，尤其是北宋神宗继仁宗之后重新开设武学，钦定《孙子》、《吴子》、《六韬》、《司马法》、《黄石公三略》、《尉缭子》和《唐太宗李卫公问对》为《武经七书》，更引起人们对兵学尤其是古兵法的热情。许洞的《虎钤经》、何去非的《何博士备论》是宋代兵书中较有名的。

宋朝军事上虽积弱积贫，社会生产力却波浪式地向前发展，科学技术有显著的成就，火药制作的武器逐渐增多，管形射击火器出现。这种进步迅速反映到军事上，影响到兵学论著方面。南宋初陈规的《守城录》，充分反映了这种变化。

许洞兵学思想的系统性

许洞是北宋前期兵家，兵书《虎钤经》的作者。约生活于 10 世纪的后 30 年至 11 世纪的前 20 年间，字渊夫，一字洞天，吴郡（今江苏吴县）人，真宗咸平三年（1000 年）进士，曾任雄武军推官、均州参军、乌江县主簿等职。他历 4 年于景德元年（1004 年）撰成《虎钤经》，次年进献朝廷。

《虎钤经》共 20 卷，210 篇。该书分类编排《孙子》和唐李筌的《太白阴经》，发挥二书的观点。前10 卷主要论述为将用兵问题，结合历代战例和整军治武问题，对《孙子》的一些主要思想阐述较细，发挥较多；后 10 卷主要讨论天时、占星、云气等问题，天人感应等荒诞迷信之说颇多。全书的价值主要在前 10 卷；不过后 10 卷有的内容涉及天象气候与战争的关系，有的论述人马医疗问题，有一定价值，尤其是汇集了与军事有关的历法、记时及识别方位等知识，不少是以前兵书没有的内容。

《虎钤经》反映出许洞已形成较为系统的军事思想。

在战争观上，许洞主张"先谋为本"，即周密谋划战争的全过程，准备好实施战争计划的必要条件。他综合《孙子》等古代兵家的论述，系统地提出了各类军事行动的必要准备：策划兴师作战，先要部署好民众的安定问题；打算进攻敌人，先要部署好己方粮道的畅通问题；准备摆开阵势，先要盘算好占据有利地形；准备克敌制胜，先要研究怎样保证内部团结；准备坚守拒敌，先要部署好军资的委积；准备强化军队的战斗力，先要保证赏罚分明的制度；准备夺取远方之地，先要部署好近处的防卫。抓住这些根本，其他次要问题就可迎刃而解。在此基础上，许洞提出了"三和"、"三有余"和"三必行"的原则。"三和"指和于国才能兴兵，和于军才能出阵，和于阵才能出战。"三有余"指力有余，食有余，义有余。"三必行"就是"必行其谋"，"必行其赏"，"必行其罚"。许洞以此来解释《孙子》"胜兵先胜"的理论，丰富和发展了孙武的战争观。

在作战指导上，许洞细致地阐述了作战过程各阶段的基本原则：既战之后，要善于抓住战机，夺敌所恃，夺敌之气；战斗中间，要因势制宜，如佯动诱敌，以击其虚，或击敌懈怠，攻敌不意；初获胜利时，要乘胜扩大战果。作战过程中，或胜或败，本常有之事，要做到"胜不可专，败不可不专"，初获胜利要想到可能出现的失败，遭受挫折要寻找反败为胜的契机。这些基本原则的核心思想是"出奇应变"。为将者必须"知变"，知吉凶、险易、利害等战场态势的相互转化，才能"以虚含变"，灵活地运用各种战术原则。

值得强调的是，许洞把"知变"的态度运用到借鉴古兵法上。他主张学习古兵法，但不能只懂得用古兵法的常势去作战。因为这样呆板地运用兵法，对方也会用相应的兵法来应战，甚至针对所用之势而采取击破之法。只有"反古之法"，逆而用之，才可能出乎敌人所料，克敌制胜。许洞"逆用古法"的理论，在当时的兵坛上独树一帜，对以后何去非等兵家有较大影响。

许洞的《虎钤经》内容相当丰富，除前述重要内容外，还有关于船战、步战、守城、攻城、结营、略地等多方面的论述，反映出作者渊博的兵学知识和独到的军事见地。虽然其中亦有不容推敲的肤浅之谈，但究竟不是一般的书生之见，很少不着边际的泛论空谈。《虎钤经》大量汇集兵法、阵法等知识，并对之加以阐述发挥的体例，对以后《武经总要》、《百战奇法》、《武编》、《登坛必究》、《武备志》等兵书有不同程度的影响。

3 狄青的作战方略与治军思想

狄青（1008～1057年）是北宋著名将领。字汉臣，汾州西河（今山西汾阳）人。擅长骑射。初隶骑御马直，选为散直，侍卫宋仁宗。宝元元年（1038年），李元昊称大夏皇帝，宋择卫士赴边以御西夏，青应诏为延州（今陕西延安）指使。在延州等处4年，经大小25战，骁勇善战，中箭多次，屡建战功，深为戍边名臣韩琦、范仲淹器重，以功升为秦州刺史、泾原路副都总管。庆历四年（1044年），宋夏议和，元昊称臣，青徙为真定路副都总管，后迁马军副都指挥使。当时狄青脸上为卒伍时的刺字犹存，仁宗曾敕其敷药除字，他却请求加以保留，以自己的奋斗经历激励军士。皇祐四年（1052年），广源州（约今越南高平地区）蛮族首领侬智高反叛，攻占广南（今广西、广东）九州，斩、俘宋将多人。宋廷两度遣将攻讨，师久无功。狄青乃上表请行，率军进抵宾州（今广西宾阳北）。后在归仁铺（今南宁东北）大败侬军，又追至邕州（今南宁），歼敌万余人，招抚遣散被胁迫者7000余人。升为枢密副使，班师回京。次年升枢密使。至和三年（1056年），因军士常盛赞之，引起流言，罢枢密使，出判陈州。次年二月病卒。

狄青起于卒伍，身经数十战，外击西夏，内定广南，战功卓著，名动夷夏。宋神宗时追思其功勋为人，命取其画像入禁中，亲自为他写下祭文。

狄青作战勇谋兼备，遇范仲淹后又熟读秦汉以来将帅兵法，使其军事艺术渐臻佳境。

计事深思熟虑，用兵先定远略，是狄青作为一个成熟的将领的标志之一。侬智高反叛后，先以余靖为安抚使征讨。交趾国（即越南）声言愿出兵助讨侬智高。余靖认为可信，在邕州等地准备可供万人用的粮食以待其兵。仁宗下诏以缗钱3万赐给交趾作军费，并应允讨平侬智高后厚赏交趾兵。狄青到南方后，果断传檄余靖，命其不得派使者去交趾借兵，同时上奏仁宗陈述己见。他认为：交趾声援将派步骑赴援，并不可靠。况且向外国借兵以平内乱，对自己是不利的。向外国借兵，他们贪得钱财必然不顾信义，因此而作乱，我凭什么去抗击他们？这一见解说服了仁宗。后来狄青迅速讨平了侬智高。这件事说明狄青在计虑讨敌方略时，不仅只考虑如何取胜，还考虑用何种方略取胜才可不留后患。

对敌作战，善用诈巧，是狄青战术指导的一个特点。与西夏军作战时，他曾巧施疑兵之计，以锣声为号，令将士忽停忽退，使西夏军既不明宋军实力，又不辨宋军行止。当敌正疑惧之时，他忽然挥军攻击，西夏军大溃。攻侬智高时，他传令军中休息10日。侬智高的侦探把这情况回报，侬以为宋军不会马上来攻。第2天，狄青迅速整齐骑兵，以一昼夜越过昆仑关（今广西宾阳西南），直出归仁铺列阵，先以前锋与侬军激战，后又指挥左右翼骑兵夹击敌人。侬军毫无防备，大败溃逃。

军纪严明，善待将士，是狄青治军带兵的基本特点。古来为将者，或执法如山，或体恤将士，二者兼备者并不很多。狄青一贯如此。他受命讨侬智高之初，传令诸将不得擅出与敌作战，等候他的统一调遣。广西钤辖陈曙乘他尚未到前线，擅自发 8000 名步兵攻敌，大败于昆仑关。狄青说："号令不能整齐，所以军队打败仗。"依军法斩陈曙及临阵败逃的将佐 30 人。在执法如山的同时，他颇能体恤将士。行军作战，他与军士同饥寒劳苦；打胜仗后，他常把功劳推给其将佐。讨侬智高时全由他谋划，战事已完，记功报捷等一般余事全部交给安抚使孙沔去办，他全不放在心上，因此将佐们深服其为人。

何去非的《何博士备论》

何去非是北宋中期兵家，兵书《何博士备论》的作者。生卒年不详。字正通，浦城（今属福建）人。神宗元丰五年（1082 年），以其"对策"词理优瞻、长于论兵入仕，始为右班殿直、武学教授，后历任武学博士、徐州州学教授、富阳知县、沧州通判、司农司丞、庐州通判等官。曾参加《武经七书》的校订。元祐五年（1090 年），翰林学士苏轼两次奏荐《何博士备论》于朝廷，并誉其"出人意表，有补于世"，从此是书行于世。

何去非有感于北宋王朝军事上积弱之势，适应宋神宗、王安石变法图强的需要，悉心研究史书兵法，以古喻今，评论战国至五代战争胜负和重要军事人物统军用兵得失，发愤著为《何博士备论》。是书原为28篇，今存26篇，包括《六国论》、《秦论》、《楚汉论》、《汉武帝论》、《汉光武论》、《吴论》、《陆机论》等。全书近3万字，论及战争、战略、战术、建军治军、选将用人等诸多方面，多有独到之处。

何去非认为，战争的指导思想关系战争的成败。正确的指导思想，必须在战略决策时考虑根本"利害"。以秦末战争为例，陈胜首先起义后，天下响应，他们把存亡胜败寄托于拼死一战，所以兵锋十分猛烈。这时，秦王朝的战略决策应是放弃已背叛的山东，严守函谷关，即使政治上仍然黑暗，关中还可维持一段时间。但秦沿用吞并六国时的战略，放弃崤函天险，孤军渡过漳水、洛水，左突右攻，对付四面八方合围而来的义军，最后导致失败。虽然秦亡是必然之势，但灭亡得如此迅速，就是因为战争的指导思想严重错误。汉兴以后，关于秦王朝迅速灭亡的原因的讨论一直比较热烈，大都着眼于政治的腐败。何去非此论，着眼于军事上的战略决策，很有新意，分析也入情入理。

何去非强调，确定战略上的攻守之势要以对形势的综合分析为基础。他指出，"善为兵者，必知夫攻守之所宜"，当攻而守，当守而攻，是战略决策上的错误，是自取失败的做法。怎样确定"攻守之所宜"，就取决于对形势的分析了。所谓形势，一是民心向背，即"逆顺之情"；二是自身的局面，即其军队是"兼敌之师"还是"救败之师",从战略角度考虑,"兼敌之师利于转战,救败之师利于固守";三是敌方的大势,是师老意怠,还是其锋正锐,对前者应采取进攻战略,对后者应采用防守战略。

何去非强调,治军须有严格的纪律,军纪松懈,也是致败之由。对于君主而言,要善行"将将"之道,知人善任,所用非其人,等于"以其将予敌"。对于将领而言,要善行"为将"之道,要能"自将其身",胜不飘然,败不躁动。在此基础上,坚持以法治军,不可稍废,因为"理军而废纪律者败"。他认为西汉名将李广所以兵败,根本原因就是治军纪律不严。其论不拘成说,独有见地。

何去非发挥许洞"知变"而"逆用古法"的理论,进一步强调战术指导上的"出奇应变"原则。他主张运用古兵法,要"不以法为守,而以法为用",推崇韩信、曹操的多谋善断。

《何博士备论》是中国古代第一部军事人物评论集,在当时颇有影响,后世不少兵家也很注意其中的论述。

 ## 5 陈规的守城思想

生平与《守城录》

陈规(1072～1141年)是南宋绍兴年间名臣,著名火器专家、军事家。字元则,密州安丘(今属山东)人。早年熟读兵书,精研法律制度,学习工程技艺。

中年中明法科，50 余岁始为安陆令。北宋靖康末，盗匪祝进攻德安府（今湖北安陆），知府弃城逃走，父老推陈规摄守事，连战败敌。南宋建炎元年（1127 年），因功出任德安知府，大破攻城的李孝义等部。后授德安府、复州、汉阳军镇抚使。绍兴二年（1132 年），李横率部进围德安，陈规率军民御敌，被石炮伤足，神色不变。粮尽之时，出家财劳军。城将被攻破，他研制出长竹竿火枪，以 60 人持火枪自西门冲出射敌，焚烧敌军攻城天桥，又以火牛助阵，使敌人拔寨而去。这是世界上最早出现的管形射击火器，也是最早用射击性火器射敌制胜的战例。第二年，升显谟阁直学士，改知池州兼沿江安抚使。建议罢镇抚使，用偏裨以分诸将之势，被高宗采纳。绍兴九年（1139 年），宋金议和，改知顺昌府，积极备战，修城墙，招抚流民，加强民兵组织管理。十年，金人破坏和议，挥师南下。东京副留守刘锜率八字军赴汴（今开封），闻讯不得行，陈规即劝刘锜留驻顺昌（今安徽阜阳），相互勉励，共同以死守城。两人积极布防，当金军来到时，攻守结合，挫败金兵。金都元帅完颜宗弼因前锋屡败，亲率主力 10 余万来攻。陈规助刘锜大破金军，宗弼被迫撤围回师。陈规因功升枢密院直学士，后移知庐州兼淮西安抚使。十一年，病卒。临终之时，还对职事作出安排。

陈规一生精研军事，讲求实用，有丰富的治军守城的实战经验，并根据战斗需要创制了长竹竿火枪，文武兼备，精通军事工程与火器制造，堪称兵家史上的奇才。他的军事思想，均见于《守城录》。陈规是理论与实践相结合的兵家，根据实战经验和兵学素养，撰写了《攻守方略》、《〈靖康朝野佥言〉后序》、《守城机要》等兵学论著。陈规死后约40年，德安府学教授汤璹，追访陈规生前守城逸事，撰《建炎德安守御录》，具体记述陈规在德安守城作战的过程，并于绍熙四年（1193年）向朝廷奏呈其书。大约在宋宁宗以后，原本各自独立的《〈靖康朝野佥言〉后序》、《守城机要》、《建炎德安守御录》被合成一书，这就是今天所能见到的《守城录》。

理论与实践相结合的守城思想

陈规军事思想中最精彩的部分，是其守城思想。

关于守城作战的基本原则，陈规有相当深刻的论述。首先，要充分发掘城内的潜力，不可消极等待救援或轻易放弃守城，这就是人们所说的上策莫如自治。其次，守城者要在敌人到来之前，精加思索，预先准备好多种应变之术，做到敌人采用某一种攻城方法，我有数策以拒之。第三，守城不能一味防守，要守中有攻。强弱之势自古无定，要敢于以弱抗强，忽守忽攻，争取主动，转弱为强。

关于城防设施的改革措施，陈规有相当具体的设计。城防设施的重点，是对付敌人的攻城器械。战国晚期的《墨子》城守诸篇，在这方面有丰富的论述。但陈规所处的时代不同了，攻城器械已有长足进步，城防设施也应有相应的改进。陈规认为，在攻城器械中，最具威力的莫过于用机械发射的石炮。对付它的办法，当是以炮对炮。但城上地面不宽，不能安放大的炮架，而且城上有何动作，城外的敌人极易发现，就会先用炮来轰击城上。应在城墙内侧墙角安炮，城上伪装木人，使敌人无法发现城中炮的位置。各炮在城头上设一观察员，随时纠正城中火炮的弹着点。这样，城中炮手虽然看不见目标，却能命中敌人。城中地幅宽长，可多设大炮，对攻城之敌形成炮石如雨般的攻势，这就反守为攻了。为对付攻到城下的敌人，陈规提出修筑重城重壕的方案。敌人如攻进老城，新城新壕又可形成障碍；并且我在城上居高临下以击敌，敌人进退困难，身处兵家所说的"死地"。敌人看见这样的城防设施，必不敢入，甚至不攻而自退。陈规指出，当敌人围城时，不宜把城门堵死，只留二三道门供人出入；反而应多开城门，只要发现攻城之敌有漏洞，就可派兵出击敌人。我方城门甚多，敌人在外设防之地也就多，昼夜备战，无法休息，自然不能长期攻围。

除守城思想外，陈规关于屯田备战的思想也值得注意。他在守德安时，曾就屯田事宜上奏条陈，主张把射手和民兵集结起来，分给田地令其耕种。在军士屯田的地带，一律选险要之处设立堡寨，敌人来犯则聚于堡中御之，无事时就抓紧耕种。射手平时分出一半以屯田。他还提出了鼓励民户屯田的具体措施。

陈规把理论与实践结合起来，丰富了中国古代的守城艺术。他成功地研制出长竹竿火枪，在世界科技史上写下光辉的一页。

6 岳飞的抗金方略与治军思想

生平及其兵学论著

岳飞（1103～1142年）是南宋著名将领。字鹏举，相州汤阴（今属河南）人。出身农家。少时勤奋好学，喜读兵书战策。力气极大，能挽300斤的强弓。向周同学射，能左右开弓。北宋宣和四年（1122年），应募从军，曾立军功。靖康元年（1126年），投康王赵构元帅府，抗金作战勇敢，斩将败敌，升秉义郎，隶东京留守宗泽，多立战功。高宗赵构在南京（今河南商丘南）即位，他上书反对宋室南迁，被革职。旋投河北招抚使张所，用为中军统领。随都统制王彦北渡黄河，转战太行山一带，抗击金军，曾败金军，擒金将，枪挑金黑风大王。建炎三年（1129年），随军南渡，任江淮宣抚使司右军统制。参加阻击金完颜宗弼军渡江，诸将皆溃，独其力战。后退屯蒋山（今南京紫金山），招集散兵，自成一军，转战抗金。四年，移屯宜兴（今属江苏），屡与金兵战。完颜宗弼军渡江北归，他率部截而击之，收复建康（今南京），升通、泰镇抚使。绍兴元年（1131年），隶江淮招讨使张俊，在江南大破李成等武装集团，招降张用，升神武右军副统制。二年，破曹成武装集团。三年，破彭友等农民军。四年，屡破金与伪齐军，收复唐州（今河南唐河）等失地。五年，破杨幺农民军，升神武后军都统制。六年，进兵伪齐境，取长永（今河南洛宁西南）、卢氏（今属河南）。七年，升湖北、京西路宣抚使，屡请北伐，反对和议，皆遭拒绝。十年，金破坏和议，大举南侵，岳飞率军迎战完颜宗弼军，大破金军，收复河南大片失地。他遣梁兴渡河，联络河北义军，准备挥师渡河。高宗赵构与秦桧却向金乞和，诏令撤兵。刘锜、张俊、刘光世、杨沂中退回江南，岳飞也奉诏还武昌，所复之地尽失。十一年，岳飞等大将被召回临安（今浙江杭州），一律被解除兵权，岳飞改住枢密副使。这年十月，被秦桧及其党羽诬陷下狱。十二月，秦桧密令杀害岳飞。名将韩世忠责问秦桧，秦桧谓其罪名为"莫须有"。金将闻岳飞死，举杯相贺。孝宗时平反冤狱，追谥武穆。宁宗时，追封鄂王。

岳飞从军统兵20年，与金军多次交锋，屡屡破敌。他收复襄阳等6郡，连破完颜宗弼的精骑，把金军赶到黄河北岸，令金军闻风丧胆。金军叹称："撼山易，撼岳家军难！"史家称他"文武全器，仁智并施"，一代罕见。他一生戎马倥偬，但不忘抽暇研究兵法。据说他曾手校托名诸葛亮撰的《兵函玉镜》，又曾撰《易筋经义图说》。清人黄邦宁辑其文为《岳忠武王文集》，为研究其军事思想提供了方便。

抗金方略多，治军有宽严

岳飞制定战略方针考虑周密。绍兴十年迎战完颜宗弼大军，他审时度势，确立以下方略：兵分奇正，以部分兵力迂回侧击东京一带的金军，自己统领主力从正面攻敌，直向中原；联结北方义军袭击金军后方。这就是他以襄阳（今属湖北襄樊）为基地、联结河朔进图中原的战略。这个战略进退有据，并注意调动被金军隔开的河北抗金武装力量，部署全面有节。

岳飞善于运用灵活机动的战术，以小击大，以少击众。收复襄阳等6郡之战中，金与其所扶持的伪齐集兵号称30万，妄图夺回襄阳。面对强敌，岳飞派兵诱敌来攻，自己率军自侧翼迂回敌后，形成对敌的夹击之势，击退敌人，为大破敌军打开战局。郾城（今属河南）之战中，完颜宗弼以其精锐、重甲骑兵"铁浮图"排成一字阵，从正面攻向岳家军；又以号称"拐子马"的精骑迂回两翼，形成对岳家军的包抄之势。岳飞面对强敌果断作出安排，以骑兵稳住阵势，待"铁浮图"行至阵前，突令步兵持麻扎刀、提刀、大斧入阵，专砍敌马脚，使敌骑阵大乱；同时派出马军忽前忽左，突袭金"拐子马"，击破其两翼包抄之势。

岳家军英勇善战，岳飞善于治军是重要原因。他平时对将士严格要求，训练从实战出发，决不走过场。部队驻屯或行军中休整，他命令将士冲坡跳壕沟，一律身被重甲训练。对于将领，他要求具备"仁、智、信、勇、严"，缺一不可。行军驻扎，要求纪律严明。士兵有拿百姓一缕麻、一捆草的，立即斩首示众。岳家军夜宿于道路上，百姓如开门请进家歇息，没有人敢私自入内。其军队的口号是："冻死不拆屋，饿死不掳掠。"从严治军的同时，他很注重抚慰将士。士卒有病，他曾亲自为之调药；诸将远戍，派其妻慰劳诸将家属；将校战死，他抚育他们留下的子女，还让自己的儿子娶死难将校的女儿为妻；凡朝廷有犒赏，分发给将士，自己不拿分毫。

岳飞精忠报国，坚持抗金，虽含冤而死，英名却永存天地之间。他的军事思想是宝贵的兵学财富，他治军强兵的宝贵经验对后世兵家有重要影响。

七　辽金元兵家的异族风格

政权特征和战争特点

辽、金、元都是由北方少数民族贵族建立的政权，都不同程度地经历了由部落经济生活向封建经济生活发展转变的过程。

辽是以契丹族为主的政权，最初由八个部落组成契丹部落联盟。907年，耶律阿保机当选为可汗，废除可汗的部落共选制。916年，他建立契丹国，实行皇位世袭制。他开始在北方草原上修筑城郭，以被掳的汉人从事农业和手工业生产。随着军事上的扩张，他设北面官统治契丹和汉人以外的其他少数民族，设南面官统治汉人。契丹还扶持石敬瑭建立后晋政权。947年，阿保机的儿子耶律德光改国号为辽。北宋时期，辽是其北方的主要威胁，曾两次大败宋军。双方也曾一度议和，发展了边贸。1122年，乘辽国内乱不已，宋、金联合抗辽攻辽。1125年，辽亡。后辽皇族耶律大石在中亚建立的西辽政权又延续了90余年。

金是以女真族为主的政权。女真人活动在松花江

118

一带。1114年，女真首领完颜阿骨打因不堪辽的统治，以2500人誓师反辽。次年，阿骨打称帝，国号大金。金趁辽内部各族纷起反辽之机，夺取辽的战略要地黄龙府（今吉林农安）等，兵力迅速发展。灭辽后，金立即分兵两路南下攻宋，只用一年零两个月的时间即灭北宋。南宋前期，金始终对宋采取攻势。南宋中期以后，由于蒙古崛起，金两面受敌，加上红袄军起事，军事力量日衰，终于在1234年被宋、蒙联军灭亡。

元是由蒙古族贵族建立的政权。蒙古原是生活在额尔古纳河上游的一个部落，后来迁徙到斡难河一带，经过长期的部落兼并，不断强大起来。1206年，铁木真被宗亲公推为全蒙古的大汗，号成吉思汗，在漠北建立大蒙古国。从此开始了蒙古与西夏、女真和南宋间的生死搏斗。蒙古骑兵虽强，但人口不多，于是进兵西北，征服并招纳了许多部族，大大增强了军事力量。在西面，蒙古于1218年灭西辽，后以5年时间横扫亚欧大陆，前锋直到东欧和伊朗北部，又席卷波兰、匈牙利等地，占领西南亚，建立了钦察汗国、察合台汗国、窝阔台汗国、伊儿汗国。四大汗国初为蒙古藩国，后独立，在14～15世纪间先后覆灭。对南方，蒙古不断攻西夏和金。1227年，成吉思汗率大军灭夏，自己也病死于行营。1234年灭金后，蒙古对南宋展开了长期的战略进攻。1271年，忽必烈改国号为大元。1276年，元灭南宋。元朝统一中国，结束了500多年的民族纷争和血战，创造了相对安定的生产环境。元朝发展中外交通，加强对外经济、文化交流，在一定程度上发展了物质文明和精神文明。但元朝将人民分为蒙古、色目、汉人、南人四等，加剧了社会的矛盾。元末，以红巾军为主力的农民军纷纷揭竿而起。1368年，元王朝被农民军的狂潮吞没。

1038～1227年，中国西北地区有个大夏政权，史称西夏。夏常侵扰北宋，后屡与金、蒙古发生军事冲突，终亡于蒙古。因为本书没有介绍西夏的兵家，所以也不介绍其基本情况。

辽、金、元时期（统一前和末期）战争频繁酷烈。辽对北宋的战争长达25年，金对宋的战争断断续续进行了百余年，蒙古（元）攻灭南宋的战争长达46年，辽金间、金蒙间又常有战争。这些战争主要集中在两大战场：中原战场和江淮战场。辽、金、元的作战方式都受其传统的部落战争的习惯影响，最初作战目标往往不在攻城夺地，而主要是以骑兵奔袭，掳掠人口和牲畜等财物。以后，攻城夺地的目标越来越明显，战争的规模不断扩大，作战方式愈加丰富。在长期的血与火的洗礼中，一批杰出的军事家应运而生。他们惯于鞍马生涯，娴于治军用兵，叱咤风云，屡建战功。

辽、金、元的杰出军事家，基本都是实践型的兵家。他们自幼从戎，百战沙场，看重实践中得来的战争经验，强调在攻防作战中摸索军事艺术，从而形成自己的独具特色的军事思想体系。他们出身于北方少数民族，把北方游牧部族的军事传统与中原或其他地域的军事传统加以结合，展示出色彩鲜明的新的军事艺术。耶律休哥、完颜阿骨打、成吉思汗、忽必烈是他们中间的突出代表。

 ## ② 耶律休哥的审敌制宜和设疑制胜

耶律休哥（？～998 年）是辽朝著名将领。字逊宁，契丹贵族。少有器度，从北府宰相萧干讨乌古、室韦二部。辽穆宗应历末，任惕隐，掌宗族事务。景宗乾亨元年（979 年），宋攻辽南京（今北京），他率五院军前往救援，在高梁河（今北京城西北）与宋大军相遇，与南院大王耶律斜轸军分左右两翼，大败宋军。他身受三处伤，以轻车追逐宋军至涿州（今河北涿县）。这年冬，以本部兵随都统韩匡嗣攻宋满城（今河北满城北）。宋军诈降，匡嗣不听休哥之劝，遭宋军袭击，其军溃败。休哥整兵进击宋军，击退宋军。因功总领南面戍兵，为北院大王。二年，随辽景宗征宋，在瓦桥关（今河北雄县）前斩宋将张师，又率精骑大败宋援军，获于越（授予有大功德者的贵官，位居北、南院大王之上）尊号。圣宗统和元年（983 年），为南京留守，总南面军务，立更番休兵之法，劝课农桑，修武备，边境大治。四年，宋军分三路攻辽，东路曹彬军 10 万逼近南京，被其击退。曹彬再度来攻，在萧太后军的应援下，他又大破宋军，因功封宋国王。这年冬，与萧太后在君子馆（今河北河间西北）全歼宋刘廷让军，斩杀数万。七年，率兵深入宋境，在唐州徐河（今河北满城北）被宋将尹继伦袭败，负伤而归。

十六年，病故。

耶律休哥是辽朝最优秀的将领，不仅作战勇猛异常，而且谋略过人，治军用兵颇为艺术。

他善于观察战场上敌方迹象，对敌人的下一步行动作出正确判断。攻宋满城之战，宋军请降，辽主将韩匡嗣对此深信不疑。休哥劝匡嗣说："宋军严整而有锐气，一定不会就此投降，请降不过是诱我之计罢了。应该严整军队以待击之。"匡嗣不听，果然中计，被宋军击败。休哥率本部兵在高处观敌动向，见匡嗣军败逃，迅速整顿军队进击宋军，取得胜利。瓦桥关之战，休哥根据宋军动向判断其将由东面突围，遂引军向北方向移动。瓦桥关守将张师率军向东突围，休哥挥军截击，斩张师，逼宋军退回城中。耶律休哥观察判断能力之强，由此可见。

他善于设疑兵之计，出奇兵以制胜。岐沟关（今河北涿州西南）之战中，当宋军东路曹彬部夺取涿州后，休哥鉴于援兵未到，寡不敌众，不正面出战与宋军争锋。他采取疑兵疲敌之计，夜晚以轻骑出入两军间，消灭小股宋军以威胁宋军主力；白天则组织军中精锐制造声势，使宋军难辨虚实，疲于防备辽军奇袭；又在树林草莽间巧设伏兵，断绝宋军粮道，使曹彬部因粮运不继退至白沟（今河北容城东北）。当曹彬部在宋太宗的督令下重新攻来时，休哥暗遣轻兵摸近宋军，趁宋军派兵打草备炊时，击其小股人马，打一阵就退，若即若离，巧妙地牵制住宋军。等到萧太后率军来援，即对宋军形成钳击之势，最后重创宋军。这一战，本来宋军取攻势，兵力强，但因中休哥疑兵之计，反被休哥占尽主动。

他善于治军用兵，深得将士拥戴。每当作战取胜，他常将战功让给诸将。身经百战，不枉杀一名将佐。军纪严明，当休兵时期，严令军士不得越入宋境，不得抢掠宋民财物。这样的将领，在辽军中是不多见的。

 ## 完颜阿骨打的建军思想和 用兵方略

完颜阿骨打（1068～1123 年）即金太祖，金朝的创建者，著名军事家。女真族完颜部人，汉名旻。少年时代即力大善射，能在 300 余步外射中目标。23 岁参加征战。后被辽任为详稳，辅佐其叔、兄等统一女真诸部。注重以恩信争取部民之心。辽天庆三年（1113 年），其兄乌雅束死，继任都勃极烈，统领女真部落联盟。次年，辽命其袭任节度使，着手修城筑堡，修理兵器，暗中准备反辽。四年九月，在涞流河集兵 2500 人，誓师反辽。首战攻克辽宁江州（今吉林扶余东石城子），继而大破辽都统萧嗣先于鸭子河（今松花江一段），北出河店（今黑龙江肇源西），兵力发展到万余人。后分兵占领宾州（今吉林农安东北广元店）、祥州（今农安东北万金塔）、咸州（今辽宁开原北老城镇）等地。定制以 300 户为谋克，10 谋克为猛安。五年，称皇帝（即金太祖），改汉名为旻，国号金，年号收国，都会宁（今黑龙江阿城南）。同年，率军破辽黄龙府（今农安）。辽天祚帝率兵攻金，号称70万，中途因内乱回师。阿骨打以2万精骑追击，在护步答冈大败辽军。收国二年（1116年），辽裨将高永昌据辽东京（今辽宁辽阳）自立，阿骨打遣将破之，俘杀高永昌，尽取辽东郡县。天辅元年（1117年），连破辽军，攻取显、乾（均今辽宁北镇）和懿、徽、成（均在今阜新以北一带）及川（今北票西南）、壕（今彰武）诸州。次年，遣使与辽议和，求辽册封。四年，与宋使赵良嗣商议夹击辽。旋与辽绝，破辽上京临潢府（今内蒙古巴林左旗东南）。与宋约定，许破辽后还宋燕京东路州镇。五年，辽都统耶律余覩因遭大臣萧奉先谗毁降金，由此尽知辽国内虚实。这年岁末，命完颜杲为内外诸军都统，渡过辽河，大举攻辽。六年，先后攻陷辽中京（今内蒙古宁城西大明城）、西京（今山西大同）、南京（今北京）。七年，病卒。其弟继立，两年后灭辽，次年又灭北宋。

金太祖完颜阿骨打誓师反辽，不足9年已使灭辽破宋形成定局，成为以少胜多、以弱胜强的杰出代表。在金辽战争中，他作为最高军事决策者，审时度势，采取正确的战略战术，表现出卓越的军事才能。

他具有卓越的治理部落联盟和国家的能力，使其部落综合实力由弱变强，为战略方针的顺利推行奠定坚实的基础。佐其兄管理部落联盟时，他即注意争取民心，减轻刑罚，减缓对部民的课征。建国以后，初定辽东，废除辽法，减省租税。当时叛辽投金的部族很多，即由于辽之政治明显不如金。破燕京后，取其金帛人民，又让宋于岁币之外另加燕京代税钱100万缗，方给予宋燕京和六州之地。于是财力大增，为以后迅速夺取河北之地奠定了经济基础。

在战略上，他确立了政治瓦解与军事打击相结合的方针。他南联北宋，对辽形成夹击之势。对待辽俘，采取安抚收编策略，使己方兵力大增，而辽方兵心涣散。这种分化瓦解敌方、强化己方实力的方略，施展得体，效果十分明显。在对辽进行军事打击上，他一贯实行运用精骑、主动进攻的战法，形成战略上的快速进攻方针。

在战术指导上，他注意利用战机，充分挖掘金军强悍敢拼的潜力，出奇制胜。初战辽渤海军，他利用敌轻其初起尚弱的心理，引兵佯退，诱渤海军来攻，然后猛杀回马枪，射杀辽骁将耶律谢十。辽军一时大乱，前锋败逃，自相践踏。鸭子河之战中，他率军黎明时渡河，在出河店与辽军相遇。这时的兵力对比是：辽军7000人，而金军只有不足2000人。他乘大风骤起，尘埃蔽天，挥军猛击辽军，大获全胜。黄龙府之战中，辽军20余万进驻达鲁古城（今吉林扶余西北土城子），金军兵力远不如辽，但他登高望辽兵阵势散乱，状如连云灌木，迅速判断：辽兵心存二心内怀怯惧，虽多不足惧！于是在高阜阵列，先以右军猛攻辽左军；见辽左军退却，就令右军迂回至辽军阵后夹击辽军，但遭辽右军顽强抵抗。他果断决策，令中军一部出设疑兵，诱辽军来攻，减弱辽军阵后的抵抗力量；攻辽的右军加强攻势，并转攻辽右军。辽右军两面受敌，顿时溃败。

他善于以弱击强，攻敌中坚，败敌一点，使敌大溃。护步答冈之战中，他乘辽天祚帝因内乱率兵西归之机，以精骑2万追击辽号称70万的大军。他指出：敌众我寡，我方兵力不可再分散。我看辽军中军最坚锐，辽主一定在其中。我们全力攻其中军，击而败之，可获全胜。于是先以右翼精骑猛攻辽中军，很快又以左翼合攻。敌中军虽众，两面受击，无心恋战，顿时溃败。他又命金军横向奔突于辽溃败之军中，使其首尾不相连属，辽军伤亡惨重。这一战，堪称战史上以小击大取得成功的典型战例之一。

完颜阿骨打能征善战，史称其"算无遗策，兵无留行"，谋略计虑周密，用兵尽其才力，是不可多得的少数民族的军事家，是实践型的兵家中的佼佼者之一。

4 成吉思汗军事思想的丰富性和掠夺性

生平与业绩

成吉思汗（1162～1227年）即元太祖，蒙古国的创建者，杰出的政治家、军事家。生于斡难河（今鄂嫩河）畔蒙古乞颜·孛儿只斤氏贵族家庭，名铁木真。成吉思汗是他建立大蒙古国后的尊称，意为"强大的皇帝"。其祖先世为乞颜部首领，六世祖海都渐兼并四旁部族。到其父也速该时，进一步吞诸部落，势愈盛大。

铁木真降生那天，其父也速该正好在部落攻战中俘获塔塔儿部首领铁木真，遂以其名为儿子命名，以纪念这一次胜利。铁木真9岁时，父亲也速该被塔塔儿部人毒死，其部众相继离散，铁木真与其寡母月伦被遗弃在营盘。月伦带着儿子们转徙流离，过着艰苦的渔牧生活。战乱环境使他养成坚毅、倔强的性格。铁木真及其弟兄们稍大后，遭泰赤乌部袭击，铁木真被抓住，后机智逃脱。以后，铁木真依附强大的克烈部首领，渐渐集聚其父旧部，逐步崛起。又与札答阑部首领札木合结为安答（义兄弟），遂借克烈、札答阑二部兵力，击败蔑里乞部。金大定末年，他移营怯绿连河（今克鲁伦河）上游，独立建置斡耳朵（宫帐），与一些部族结盟，被推为可汗。不久，札木合与其反目成仇，联合泰赤乌等13队3万人，企图消灭铁木真部。铁木真召集部众3万人，编为13队，以待来敌。后因作战失利，退至斡难河上游的哲列捏山谷。札木合用大锅烹煮战俘，引起许多部族长的愤慨，相继引部众而去。铁木真趁势吸纳他们，壮大了自己的力量。金承安元年（1196年），他配合金军攻击塔塔儿部，受到金朝的封赏，被授为部族官察兀忽鲁。又与克烈部首领王汗共败合答斤等11部联军。泰和元年（1201年），大破札木合及其盟友。二年，击败乃蛮部。三年，王汗忌其强大，与札答阑部联手攻之。此战，铁木真大败，退至合泐合河（今哈拉哈河）中游，仅收集得部众数千骑。他令部众稍加休整，乘王汗大胜后懈怠无备，夜袭其大营。王汗败逃途中被乃蛮人捕杀，克烈部遂亡。四年，他在进攻乃蛮部前，建立护卫军——"怯薛"军。后以两年时间，统一蒙古各部。

金泰和六年（1206年），他建立大蒙古国，被尊为成吉思汗。他称汗后，将怯薛军扩充至万骑，令他们保卫汗廷和分管汗廷的各种事务。他亲自统领这支精锐部队，称其为大中军。成吉思汗三年（1208年），他率军攻西夏，相持5月余，然后退兵。四年，又亲征西夏，连战连捷，遂围西夏都城中兴府（今宁夏银川），迫西夏国王纳女求和，扫除了攻金的牵制力量。六年，分蒙古军为两路，自己亲率东路，大举攻金；一路袭堡攻城，进抵金中都（今北京）城下。攻城失利，遂回师，一路掳掠人口、财物和牲畜。七年，率主力攻金西京（今山西大同），曾设伏歼金援兵，后因中箭而撤兵。八年，率主力再攻金中都。九年，回师攻中都，逼金帝求和。不久，金迁都南京（今河南开封），成吉思汗乘其人心浮动之机，遣将再围中都。次年，逼守军开城投降。中都一得，蒙古军遂大肆攻掠河北、山东等地。他注重吸收中原的先进技术，改进兵器，增强了蒙古军的攻坚和远征能力。成吉思汗十四年（1219年），亲统近20万大军，远征西域的花剌子模国。次年，占其新都撒马尔罕。旋又攻克忒耳迷（今乌兹别克捷尔梅兹）等城。十六年，逼花剌子模国王札阑丁渡过申河（印度河），逃入印度。十九年，班师回漠北。二十一年春，率兵10万亲征西夏，一路攻城夺地，深入西夏腹地，歼其主力。二十二年，留部分兵力攻围夏都中兴府，亲率主力进入金境，先后攻

克夏州（今内蒙古乌审旗南）、临洮（今属甘肃）等
州府。七月，病卒于今甘肃清水县行营。他临终遗嘱，
要其继承者利用金、宋世仇，借道宋境，联宋灭金。
几乎与此同时，蒙古军灭西夏。金天兴三年（1234
年），蒙古军与宋军联合灭金。

成吉思汗少年历尽艰难，后领导部落兼并战争，
统一蒙古诸部，攻夏伐金，进军西域，戎马生涯 40 余
年，经历过重大惨败，更建树了煌煌的战功。他指挥
的蒙古军队作战次数之多，战线之长，征服对象之广，
在历史上是罕见的。他能创造震撼世界的业绩，固然
有多种因素，但卓越的军事领导艺术和指挥才能，在
长期军事生涯中形成的独具特色的军事思想，无疑是
其创造伟业的基本条件之一。他发布过大量训言、宣
谕和律令，其中包含着丰富的军事思想，可惜只有一
部分保存于传世文献中。

战略分阶段，治军兴铁骑

成吉思汗的早期战略和后期战略有着明显的不同。
早期，他的战略目标是发展自己的力量，在蒙古高原
的部落战争中成为最后的胜利者。为实现这一目标，
他以灵活应变、争取支持、分化瓦解敌对势力为基本
方略。建立宫帐之前，他委曲求全，依附于强大的部
族，采用认义父、结安答等形式，实现自己力量的初
步聚积。立宫帐后，他坚持利用敌对势力内部矛盾，
分化瓦解其力量，吸纳与敌对势力不和的部族。为争
取民心，他采取了两个重要策略：一是强调师出有名。
有时以复仇为由出兵，有时以对方毁约为名兴师。这

样，在声势上迎合蒙古部民的是非观念，争取政治上的主动权。二是发扬蒙古部落的军事民主制传统。在发动军事行动前，充分听取诸部首领的意见。建立大蒙古国后，又形成召开忽里台（大聚会）商决军国大计的制度。后期，成吉思汗的战略目标是攻灭西夏和金，向西域发展势力。为实现这一战略目标，他以先击弱后攻强为基本方略。先三攻西夏，逼其请降；然后攻金，令西夏随征。临终之时，他又根据金的地理形势，得出其难以迅速击破的结论，因而提出联宋灭金的战略构想。他的构想是：利用宋、金世仇，假道于宋，绕过金在西北的重要防线，直捣其腹心。金军情紧急，必然调西北重兵东向赴援，其兵奔波千里，必然疲惫，我方可迅速破之。这一构想后来为其继承人付诸实施。在西征战略上，他先征服称雄于中亚、波斯（今伊朗）的花剌子模国，然后顺势征服花剌子模以西诸国。这一构想，他实施了一部分，后由其子孙完成。

成吉思汗在作战指导上显示出高超的领导艺术。首先，他善于利用自己的优势兵力，以骑兵击敌要害，或远程奔袭，或近战奔突，对敌人造成难以遏止之势。其次，他善于避实击虚，迂回制敌。在他第三次攻金时，金军在兵力和防御设施上都充分强化，使居庸关显得格外坚固。成吉思汗临时决定，以少数兵力在居庸关北口牵制金军，另以一部走小道袭居庸关南口，南北夹击以取关。他自率主力，迂回南下，奇袭紫荆关（今河北易县西北），取关之后又北上攻金中都。第三，他在兵败之后能迅速振起，击敌不意，扭转败局。在合兰真（今内蒙古锡林郭勒盟北）与王汗的大战中，他严重失利，退至合渤合河时仅有数千骑。他败不气馁，不久就通过夜袭王汗大营扭转了局面。

成吉思汗在治理军队和提高军队战斗力上，也表现出卓越的才能。他夜袭王汗大营后，总结合兰真之战惨败的教训，得到两点重要启发：第一，必须有一支特殊的精悍的卫队，以应付任何突发的险恶局面；第二，必须对各部首领加强控制，以解决诸部用力不齐等问题。不久，他建立了"怯薛"（护卫）军，怯薛来自于各部首领、头目的子弟及平民中身体强壮、弓马娴熟者。建国以后，又扩充怯薛为万人。怯薛成为最具战斗力的常备军，同时又作为"质子"，从而实现成吉思汗对蒙古各级官长的有力控制。他还建立军政合一的统治机构，以"千户制"编组民众，实行兵牧结合，并以其为基本军事单位，使兵役调发、军队管理及征集作战在手段上有了长足进步。他注意将战争中招降和掳掠的异族丁壮编入蒙古军中，以补充兵员，适应战争规模不断扩大的需要。他还注意吸收别国别族的先进技术，用来改进军队装备，提高战斗力。他采纳"攻城以炮石为先"的建议，组建炮手军。他注重冬初举行大猎，通过田猎演兵，并要求将士以"不感到远征之苦，不知饥渴"为训练目标之一。

成吉思汗的军事思想内容丰富，但其中掠夺残忍的成分也很浓重。他曾说："人生最大之乐，即在胜敌逐敌，夺其所有，见其最亲之人以泪洗面，乘其马，纳其妻女。"这些是其军事思想中夹杂着的糟粕,不可忽视。但这些并不影响他在世界军事史上的重要地位。他应该是实践型的兵家中最杰出的人物之一。

 忽必烈军事思想的时代特征

生平与统一大业

忽必烈(1215～1294年)即元世祖,元朝的创建者,著名政治家、军事家。成吉思汗之孙。其父拖雷为成吉思汗第四子,成吉思汗病逝后曾监国近两年。忽必烈初为藩王,广交藩府旧臣及四方文学之士,向他们学习治国治军之道,"思大有为于天下"(《元史·世祖纪一》)。蒙哥汗元年(1251年),总治漠南汉地军国庶事,改革弊政,整顿军纪,屯田积粮,加强兵备,成绩卓著。二年,提出远征大理国迂回攻宋的方略,被蒙哥汗采纳,遂统兵南下。三年,兵分三路前进,渡大渡河,跋行山地2000余里,以革囊及筏渡金沙江,年底破大理(今属云南)。四年,自领部分军队北归,留兀良合台平定云南诸地。北归后,于京兆分地置宣抚司。五年,兴学,用理学家许衡为提学。六年,在滦水北筑城市宫室,经三年而成。七年,为蒙哥汗左右所谗,罢开府归期。八年,蒙哥汗分路大举攻宋,忽必烈领军攻鄂州(今湖北武昌),趋临安(今浙江杭州)。九年,大军渡淮,至黄陂(今属湖北),得蒙哥汗死于四川的消息,仍渡江进围鄂州。闰十一月,得幼弟阿里不哥争汗位消息,决策退兵,诈称将直攻临安，逼南宋议和，然后北归。次年三月，于开平（今内蒙古正蓝旗东闪电河北岸）即蒙古大汗位，建年号中统。以中书省总政务，后以枢密院执兵柄，以御史台司黜陟。阿里不哥在和林（今蒙古人民共和国哈尔和林）称汗。中统二年（1261年），亲征阿里不哥，大破之。三年，江淮大都督李璮反叛，以史天泽等破之。借此事件，罢大藩子弟专兵民权之制，实行军民分治。四年，升开平府为上都。下诏断绝对漠北的物资供给。至元元年（1264年），阿里不哥势穷，到上都投降。北方之患既除，忽必烈遂专心对付南方，立诸路行中书省，定都燕京，改称中都（今北京，后改称大都）。五年，改变主攻四川的方略，命大军进围襄阳、樊城（今湖北襄樊）。七年，派刘整在襄樊前线造战舰，练水军。八年（1271年），改国号为大元，是为元朝。十年，先破樊城，继用巨型发石炮攻克襄阳。十一年，下诏攻宋，以丞相伯颜为帅，领兵20万，兵分三路，水陆并进，连陷数城。同时以朝鲜为基地，派蒙古及高丽联军2.5万人、船900只攻日本，登陆后方与日军接战，因夜中台风来袭而撤退，结果半数以上士兵淹没海中。十二年，元军先占建康（今南京），继向临安进逼，一路攻城夺地。十三年，元军至皋亭山（在今杭州东北），宋廷奉表投降。十六年初，元军在厓山（今广东新会）全歼宋军余部，统一全国。他下令禁汉人持兵器。十八年，分兵两路渡海攻日本，兵力达14万。因日本已有防备，元军作战未曾得利，又遭台风袭击，毁船无数，将领乘巨舰逃归，被遗弃的士兵则被剿杀或发配为奴。十九年，发兵远攻占城（今越南南部）。二十一年，发兵攻安南（今越南北部），次年因疫疾而撤退，遭安南兵追击，损失惨重。以后再攻安南，虽曾攻入安南都城，逼安南王入海，但回师时遭追击，重演初攻安南的故事。二十四年，东北宗王乃颜反，忽必烈亲征，在辽河附近会战，赖汉军作战用力，擒杀乃颜。二十六年，早已反叛的海都（窝阔台之孙）带兵攻占和林，忽必烈以70余岁高龄亲往征之，海都闻风西走。以后忽必烈又屡遣军击败海都。二十九年，派兵攻爪哇（今属印度尼西亚），次年损兵折将而归。三十一年正月，病卒于大都。

忽必烈成功地完成了统一中国的大业，在领导统一中国的战争中，充分展示出其军事领导才能。他有关战争的言论和治军备战的措施，体现了他对战争和治军备战的理性认识，表现出与成吉思汗相对不同的历史特色。忽必烈的军事思想在中国战争史上有较大影响。

战略有新旧，治军兼蒙汉

在战略思想上，忽必烈表现出相对立的两面性。在统一中国的战略上，他基本保持着清醒的头脑，注意审时度势调整战略部署，使战略方针保持着稳健而推进有力的特点。蒙哥汗时期，他提出攻宋的新战略：避开宋军主要防线，南下攻占大理国，把战果扩大到西南地区，利用西南的人力物力，迂回攻宋，形成南北夹击宋军之势。这个战略被蒙哥汗采纳后，他亲自统军实施，顺利造成对宋迂回包抄之势。以后，他领军攻鄂州，留驻西南的兀良合台自广西北上，实施南北夹击宋军的计划。这时，阿里不哥争位消息传来，形势发生急剧变化。如果继续执行既定方略，阿里不哥势必在后方得到汗位。他果断调整战略，逼宋与其议和，变阶段性战略为南守北攻。所谓攻，首先是政治上的攻势，他抢先在开平即大汗位，然后诏谕天下，称随后在和林称汗的阿里不哥为反叛者；接着是军事上的攻势，主要军力用于击败阿里不哥和海都等。在阿里不哥归降、海都北遁之后，国力臻于强盛，他又调整战略，变南守为南攻。他采纳宋降将刘整的建议，以先攻襄樊、浮汉入江、直趋临安为南攻战略的基本思路，制定了周密、稳健的攻宋方略，最终统一全国。

　　在对外扩张的战略上，忽必烈却犯了根本性的错误。从至元十一年到二十九年，他两次派大军远征日本，两次征安南，一次征爪哇，结果都是损兵折将，遭到失败。忽必烈的战略目标，是欲令这些国家臣服于元，重振成吉思汗、拔都、旭烈兀三次西征的雄风。但正如有的学者指出的那样："在现代社会出现之前，很难有一个陆上强国也可以同时成为一个海上霸王。其动员既如是的耗费，而人民也要被强迫在他们生活领域不能习惯的方向进展，所以很难持久。"（黄仁宇《赫逊河畔谈中国历史》208页）因此，忽必烈对日本等采取的进攻战略完全是不切实际的。他在统一中国和对外扩张上的战略态度上判若两人，前者冷静而稳健，后者冲动而浮躁。这种矛盾交织于其一身，使他既有军事家高瞻远瞩的胸怀，又有秉承于父祖的马背上的英雄的粗犷。

在治理军队、加强军队战斗力上，忽必烈也表现出卓越的才能。他既注意发挥蒙古军队的特长，如注重运用蒙古精骑作战等，也十分注意吸收中原传统中治军强兵的制度，用之改革蒙古旧制。第一，他即位之后，改变蒙古军分为两翼、由万户长而下一统到底的制度，改变由都元帅节制探马赤军和汉军的制度，设枢密院掌管全国军政，加强了中央集权。第二，他花费30多年时间，不断改造军队组织体系，逐步确立了中央宿卫军和地方镇戍军两大系统。第三，为了防止汉军将领拥兵自重，他改变汉军由私家掌握的状况，或令汉军将领易军为将，或令汉军将领改任民官。对蒙古军的军官世袭制也进行了改革，核心是职位仍可世袭，但军队因调动分合而不再始终为某一家族所掌。第四，他为适应战争形势的变化，提倡使用铁火炮等新式武器，发展进攻型的、独立的水军和炮军，实施多兵种协同作战。他还注意用南宋降将训练军队，学习南宋在军训方面的长处。第五，他在全国范围内推广军屯制度，以促进生产的恢复和发展，推动对边疆地区的开发，保证军队资粮的供应。

忽必烈的军事思想，既包括以成吉思汗为特征的蒙古英雄思想，又包括受中原文化影响的封建文化思想，这是他所处的时代和其特殊地位所造成的。他算不上兵家中最杰出的一流人物，却是独具特色的人物。通过他我们可以看到，在军事冲突的同时，两种文化也在冲突与碰撞中发展和交融。

八　明朝兵家论著异彩纷呈

明朝的军事形势和兵学论著的兴盛

元朝末年，烽火遍地，诸军纷起，其中朱元璋领导的大军先后大破陈友谅、张士诚的军事集团，由南向北长驱中原，于公元 1368 年灭元建明。在完成全国统一后，朱元璋招诱流民垦荒屯田，推行军屯制度，兴修水利和发展工商业；又在职官、刑律、科举等方面改革制度，强化中央专制体系。明成祖朱棣时加强了与边疆民族的联系，又多次派郑和下西洋，增加与外部世界的接触。资本主义在明初萌芽，手工工场、城市商业贸易和市民阶层有较大发展。但是，中国长期封建社会中自给自足的经济结构、明廷的封建专制集权等诸多因素都顽固地阻碍着资本主义萌芽的成长。明英宗朱祁镇以后，政局常不稳定，来自外部的军事威胁和来自内部的财政危机及由此引起的动乱，一直困扰着明廷。以后时而宦官狷獗，时而皇帝无道，各种矛盾纷纭交织，使得政治上十分混乱，财政上十分紧张，农民军为求生存而纷起，东北的女真人趁机发展壮大。1644 年，李自成领导的农民军攻破北京城，明思宗自缢，宣告了明王朝的灭亡。

明朝在军事上，对内主要是与农民军和藩王的战争，对外主要是抵御异族和倭寇的入侵。明自开国初起，农民的起事就很少间断，唐赛儿、邓茂七、叶宗留、刘通、刘六、刘七等的起事规模都比较大，明末张献忠、李自成的农民军更是声势浩大。西南土司和苗民与官军的军事对抗也有相当规模。藩王的造反，初则有燕王对惠帝的政权争夺战，后又有宁王宸濠之乱。对外战争，先是蒙古瓦剌部南下，大败明军；继而有鞑靼时来侵扰；倭寇的侵扰则自明初已始，到嘉靖时期至极，带来东南沿海的残破。明末对后金（清）的作战，由于背后有农民军的猛烈冲击，亦连连失败。

频繁的战争，战争规模的日益扩大，火器发展带来的战争形式的变化等，尤其是战争性质的多样复杂，使明代成为中国古代兵家林立、兵学论著盛多的时代。明代兵书空前的多，据不完全统计有 400 多部，其中不乏见解新颖之作。

明代兵书之盛，不仅由于战争的推动，思想文化的变化也是原因之一。明代强化思想的统治，宣传程朱学派的理学，影响所及，形成文人重议论的风气。风气之下，固然有空疏之论，亦时有借鉴历史经验而得到新鲜认识。明代中期，王守仁起而提倡"致良知"和"知行合一"论，可贵的是他本人也在这方面作出了努力。明代后期的不少兵学论著，在思想上都或多或少受着王守仁的影响。明代较重武学，逐步将武学的教育形式推广到全国；又开设武学制科，各方面士人均可投报官司，应试会举。武举的制度化，对士人研习兵法的风气或多或少有所推动。明代，天主教开始在中国开展传教事业，传教士带来的地理学等方面的近代科学知识，在明后期的兵书中也有一定反映。

明代众多兵家中，不乏理论与实践相结合者，王守仁、戚继光是其中杰出的代表，何良臣、宋祖舜等也在理论与实践的结合上有所建树。即使像朱元璋那样的开国皇帝，在开基创业、统一全国的战争实践中也提出了较为系统的军事理论，与逊于文采的成吉思汗等有所不同。这些兵家的涌现，使明朝的兵家具有了重要的地位，在兵学史上呈放异彩。

朱元璋的攻守方略和治军思想

生平与战绩

朱元璋（1328～1398 年）是明朝开国皇帝，元末农民起义军首领，军事家，政治家。字国瑞，濠州钟离（今安徽凤阳东北）人。生于贫苦农民家庭，17 岁时父兄相继死去，遂入寺为僧。元至正十二年（1352 年），至濠州参加郭子兴的反元农民起义军，英勇善战，被郭招为婿。次年，募兵得 700 余人，被郭子兴任命为镇抚。十四年，升任总管，克滁州，部众扩大至 3 万。十五年，郭子兴死后，朱元璋统领其军。农民军首领刘福通等立韩林儿为帝，号小明王。

韩林儿任命朱元璋为副元帅。他率军渡江屡屡取胜，升任都元帅。旋置太平兴国翼元帅府，自称大元帅。十六年，亲统大军击败元军，占江南重镇集庆（今南京），改集庆路为应天府，以此为立业之基。这年七月，被诸路农民军首领推为吴国公，设江南行中书省，任平章。旋派兵破张士诚兵，攻江南元军。十七年，分兵四向发展，南取元宁国路、徽州（今安徽歙县），北夺张士诚等所据泰兴、扬州，东克张士诚所据长兴、常州、江阴等地，西取青阳及元池州。以后逐年扩大战果。二十三年，击杀陈友谅，灭其军数十万。次年，称吴王。亲至武昌督战，迫降陈友谅之子。二十五年，将陈友谅旧地攻取殆尽，转而东向攻击张士诚。二十七年，称吴元年，破苏州，俘张士诚。次年，在应天称帝，国号明，年号洪武，是为太祖高皇帝。同年八月，灭元。明王朝建立后，以长达22年的时间多次征讨北遁的元军，消灭割据四川的明升，讨平据守云南的元梁王，征服西南诸部，逐步统一了全国。灭北元后，定天下都司卫所，颁《大明律》、《大诰》，强化封建中央专制。洪武三十一年（1398年），病逝。

攻守方略集众智，建军治军重专权

朱元璋出身贫苦，乘元末农民军纷起之风云，起于卒伍，募兵自强，征战10余年，灭元立国；又以22年时间翦灭群雄，统一全国。他既有亲身征战的经验，又有运筹帷幄、调动三军的统帅经历，在长期的战争实践和国防建设中，形成较为系统的军事观点。明初编录的《明太祖文集》，集中了朱元璋的诏诰文书等，为研究其军事思想提供了方便。

在战略决策方面，朱元璋善于集思广益，制定正确的方略。他采纳儒士朱升"高筑墙，广积粮，缓称王"的建策，在攻取集庆后将其改称应天，以之为战略根据地，悉心经营，并在周围地区鼓励耕战，积粮练兵。当时陈友谅在武昌称汉帝，张士诚在苏州称吴王，明玉珍在四川称夏帝，他志在统一，暂不称王。同陈友谅、张士诚两大势力交锋，他避免两线作战。鉴于张士诚粮足财富而无远图，他集中力量先攻陈友谅。灭陈友谅后，他先遣使与元讲和，又与明玉珍通好，然后进攻张士诚。针对张士诚统治的地区中隔长江、南北狭长、兵力分散等弱点，他确定了先取淮东之地、再移军浙西、同时清除两翼、最后攻其都城平江（今苏州）的部署，可谓周密精当。灭张士诚军后，南方最大的敌人已经消除，于是决定一面以大军北取中原，消灭元朝；一面分兵多路，攻灭割据浙东的方国珍等。灭元平定江南后，再依次攻取边远的四川、云南和辽东，实现全国基本统一。从整个统一战争的策略和各阶段的战略安排看，他决策稳健而周密，注意因势而确定攻守攸宜，注意分步打击主要敌人、保存自己的实力，避免全线出击、腹背受敌。

在作战指导上，他对攻守都有系统的论述。他主张进攻要避实击虚，"我虚而彼实则避之，我实而彼虚则击之"。防守要以逸待劳，寻找战机，得到战机要适时出击，敌方动摇则转守为攻。无论是攻还是守，都要奇正交用，"以正应，以奇变"。奇正不仅表现在兵力部署上，还表现在布阵应敌等诸多方面。如与陈友谅军在鄱阳湖康郎山水域的遭遇战，朱元璋与徐达、常遇春分率舟师，与陈友谅的舰队正面交战；俞海通则驾轻舟穿插其间，或乘风放火以烧敌船，或应急救险飞速接应。第二天两军决战，又先后两次派出小船冲入敌阵，以奇兵乱敌，正兵歼敌。

在国防建设和治军问题上，他注意总结历代统治经验，以强化封建中央集权为目标，定制改制。他继承元代的兵役形态，实行军户制，以保证兵源的相对稳定，又大行谪兵制，以罪囚充军以补充兵员。他认为，兴国之本，在于强兵足食，借鉴汉武帝以来的军屯方法，制定军屯法令，规定各地军队分兵屯种的比例和有关制度。为保证对军队的有力控制，他确立五军都督府和六部同理全国军政、互相制约、凡事由其亲裁的制度。他强调军队应居安思危，屡令徐达等宿将分道练兵，令有关官员议定《教练军士律》，规定阅试军官和军士的办法，不准卫所官员的儿子从事武事之外的闲业。不过，他对待将士的有些措施相当残忍。

朱元璋的军事思想并不是他个人冥思苦索而来，实际上是集中了他的重要谋臣刘基、宋濂等人及名将徐达、李文忠等人的智慧。他能采纳善策，以己意出之，毕竟是雄才大略。他关于国防建设和治军的思想，对明代统治阶级的军事思想有重要影响。

王守仁融心学于兵学的理论特征

生平和兵学论著

王守仁（1472～1529年）是明朝中期的思想家、军事家。字伯安，号阳明，浙江余姚人。少时对骑射和兵法有浓厚的兴趣。弘治十二年（1499年），他在28岁时进士及第，任职工部，奉命督造威宁伯王越墓。他用训练军队的办法来训练修墓的队伍，并收集王越作战的实际档案材料，进行战例研究。他向朝廷呈上《陈言边务疏》，提出了抵御瓦剌的成套战略思想。正德元年（1506年），武宗重用宦官刘瑾等，他身为兵部主事，因上疏忤刘瑾，受廷杖下狱。次年贬谪为贵州龙场（今修文县）驿丞。他于困居龙场期间形成"致良知"的思想体系，提出"格物致知"和"知行合一"的新学说。三年贬谪期满后，任江西庐陵知县。正德十一年（1516年），任南赣佥都御史，旋巡抚南赣、汀、漳等地。十二年初至十三年，他在江西行"十家牌法"，先后平定东南地区詹师富、卢珂、陈曰龙、谢志山、兰天凤、沈仲容等农民的造反。十四年，宁王朱宸濠在南昌举兵叛乱，他任提督南赣军务右副都御史，率乡兵全歼叛军，生擒宸濠及其左右。十六年，世宗即位，升任南京兵部尚书，封新建伯。这年，他的学说被视为异学，明令宣布学禁。他也因父丧回乡，在家乡赋闲6年，专心讲学授徒。嘉靖六年（1527年），兼都察院左都御史，前往广西平定原土司部民的造反。他采用招抚办法迅速解决问题；又用招降的原土官带兵，攻破断藤峡、八寨的瑶、壮反明武装。七年，他因过度劳累而发作肺病，在这年冬天病故于回乡路上。他死后，朝廷重申对他的学禁，停止其抚典和世袭封爵。隆庆初，追恤赐祀，谥文成。

王守仁是杰出的思想家，他的"致良知"学说对明中期以后的思想家有很大影响。其实，他的军事思想也堪称杰出。他在江西平定各部农民义军，讨平朱宸濠之乱，镇压广西的少数民族，使其前此形成的军事论述得到检验和升华，体现了他兼备大智大勇的素质，是知行合一、理论与实践相结合的优秀的兵家。他编撰有《兵符节制》、《兵志》、《城守筹略》、《历朝武机捷录》、《国朝武机捷录》、《新镌标题武经七书评语》、《十家牌法》、《阳明先生乡约法》、《阳明先生保甲法》等兵书。他的军事论述在后人编的《王文成公全书》中有全面反映。

融心学于兵学，显大智于仓促

王守仁创立的心学表现在军事上，即认为对待农民和少数民族的造反单以兵力攻剿是下策，应以攻心为上。他站在封建统治阶级的立场，视起事的农民和少数民族为"山中之贼"，认为破"山中贼"易，破"心中贼"难，而只有"破心中贼"，才是求得社会长期安定的要道。"心中贼"即农民和少数民族对明廷的不满情绪。官府统治无方，使民众有冤苦无处申，"心中贼"就会变成"山中贼"。制止"贼"势发展，根本在于安民，健全行政机构。同时，"民知革面，未知革心"，对此要加强教育，建立乡规民约，举办社学，用传统道德观念感化和改造乡民。对于已造反者，他认为"处夷之道，攻心为上"。如奉命讨伐原土官卢苏、王受的造反，他改征讨为招抚，使卢苏、王受自动请降。即使是招抚不成而行镇压，他在取胜后还感叹："莫倚谋攻为上策，还须内治是先声。"并且表示不愿封侯受赏，但求朝廷和地方官能减轻对农民的经济剥削。

王守仁注重地方军事力量的整顿和发展，有独特的治军思想。他在市镇及农村建立"十家牌法"，制"十家牌式"，加强对乡村基层的管理。挑选民众中骁勇绝群、胆力出众者组成民兵武装，团结训练，听候征调，缺员则悬赏招募。对地方正规军则加以整顿训练，强调赏罚分明，健全管理考课等制度。由于他统领的地方军和民兵训练有素，所以当宁王朱宸濠叛乱时，他虽仓促兴师，却不待请兵请粮就迅速克敌定乱。

王守仁用兵作战，能临危不乱，迅速明判事势，因势定策破敌。宁王朱宸濠之乱，其实蓄谋已久。在叛乱前两年，其府吏就曾入京告发宁王亲信谋反事，反受刑责。宁王叛乱举兵，王守仁临危定计，佯称将以重兵攻南昌，使叛军疑惧，不敢仓促行动。利用这一时机，他一面急调正规军，一面募集训练有素的民兵待战。当叛军打到安庆，欲夺南京时，他不是急赴安庆与叛军决战，而是直捣兵力空虚的南昌，逼朱宸濠回师救援。又奇正相生，佯败诱敌入围，克敌制胜。这一战，王守仁处处棋高一着，迅速变被动为主动，充分显示了其军事素养之宏富。

对于王守仁的兵学理论和在军事上表现出的卓越才能，历来因为他镇压了农民起义军和少数民族，或一笔抹杀，或视而不见。但从客观而言，像他这样学问深厚的思想家，同时又融心学于兵学，把知行合一的主张体现于军事活动，在兵家史上实为独一无二，在军事思想的发展史上也独树一帜，值得研究古代兵学理论者充分注意。

何良臣的因形用权思想

何良臣是明后期兵家，兵书《阵纪》的作者。他字际明，号唯圣，余姚人。这位王守仁的同乡，青年时从军海上，为幕僚、偏裨将，久不得提升，嘉靖间官至蓟镇游击将军。其余生平经历不详。他长期在军，有军事上的实践经验，又喜好文学，多读兵书，通达将略，撰《阵纪》、《制胜便宜》、《军权》、《利器图考》等兵书。《阵纪》撰成于游击将军任内，为晚年之作，流传最广，体现了他在兵学上的成就。

《阵纪》共4卷，66篇，分为募选、束伍、教练、致用、赏罚、节制、奇正、车战、水战、火战等23类，结合历代用兵得失，针对明代军事现状，就治军、战略、战术、兵种、军事地理及气候等问题提出了有价值的观点，所论多切实近理。

何良臣军事论述中最精彩的部分，是他对《吴子》"因形用权"原则的发挥。"因形用权"，即因敌人的形势变换我方的谋略。他主张夺取敌之险要以巩固自己的防御，因敌之计而将计就计，敌人如对我方将计就计我方就改变计谋，敌人依恃的有利条件就是我方迅速加以破坏的目标，等等。这些都是"因形用权"的战术运用。善于用兵的人，必须因敌不同而用权不同，因战况不同而运用战法不同。总之，善用兵者，不能单靠客观条件，要善于通过主观努力去创造制胜的条件。

何良臣强调把灵活应变的原则运用到治军强兵上，反对呆板守旧的治军方式。他主张变用古法，革新军制，以实现治军守国的目的；反对墨守成规，只讲形式。针对明代卫所军之积弊，他提出治军强兵应以"选练为先"，在广募士兵的前提下精选胆、力、艺皆佳者，通过严格训练，建成将良兵锐的节制之师。

何良臣在强调"因形用权"的同时，也指出应尊重客观形势。凡用兵，不能轻举妄动，不能违背客观形势。轻启战端，必然失败；违反客观形势，必然灭亡。"因形用权"和顺应客观形势，是对立的统一。"因时顺势而利导之者，能者之事也；悖人逆天而抗时势者，妄者之事也。"这番理论，对"因形用权"作了完美的补充，使之与违反客观规律的做法划清了界限。

何良臣的军事论述具有辩证色彩，对明末兵家有一定影响。

 ## 5 戚继光的治军练兵思想

生平和军事著作

戚继光（1528～1588 年）是明朝后期抗倭名将、

民族英雄、军事家。字元敬，号南塘，晚号孟诸。祖籍安徽定远，生于鲁桥（今济宁东南）。自幼喜读兵书，勤习武艺。嘉靖二十三年（1544 年），袭父职为登州卫指挥佥事。二十七年，领卫所军番戍蓟门（今北京昌平西北）。二十八年，中武举。后任总旗牌、都指挥佥事等。三十四年，赴浙江任都司佥书。次年升迁参将，连战倭寇，逼其入海。三十七年，因对倭作战受挫而免职，往义乌募兵抗倭。三十九年，创"鸳鸯阵"。此阵攻防兼宜，屡用来击败倭寇。旋任台州（今临海）等三府参将。四十年，以所募金华、义乌人组成之"戚家军"大破倭寇，歼敌近 6000 名。四十一年，率兵到福建抗倭，歼敌近 3000 名，旋回浙为副总兵。后屡败倭寇，为倭贼所惧，升任福建总兵，兼理广东潮州（今潮安）、惠州及驻江西的伸威营军务。隆庆元年（1567 年）末，奉命到京练兵。次年，以都督同知任京军神机营副将，提出多兵种混编协战方略，受命总理蓟州等三镇练兵事务。后改总兵、右都督等，一直镇守蓟州，曾败蒙古朵颜部、插汉部等。万历十一年（1583 年）调镇广东，计镇守蓟门 16 年。十三年，因受诬陷罢官，回登州。十五年末，病逝。

戚继光戎马生涯 40 余年，东抗倭寇，北击朵颜等部，战功累累，威名远扬。他不仅有丰富的作战经验和治军实践，而且喜读兵书，注意从理论上总结其实践所得，又使之在更高层次上指导军事实践。他著有《纪效新书》、《练兵实纪》、《止止堂集》等兵书。前两种影响甚大，尤其《练兵实纪》一书成为明朝后期治军练兵的规范。

《纪效新书》是戚继光于嘉靖三十九年（1560 年）前后在抗倭战争中写成。有 14 卷本和 18 卷本等，附有阵图等各式插图计 250 多幅。该书图文并茂，内容翔实，主要用反复辩难的形式，阐述"实用有效"的各项军事技术和制度。既是抗倭实战经验的总结，又反映了在火器发展一定阶段上的军队训练和作战情况，体现了时代的特点，有较高的军事价值，为后世所重。《练兵实纪》成书于隆庆五年（1571 年），9 卷，附杂集 6 卷。全书分为练卒和练将两大部分。该书反映了在当时的作战对象和火器大量使用的情况下编制装备的改进，系统阐述了将官的品德修养、战术的技术修养以及养兵、练兵必须遵循的原则和方法，对当时边备修饬、保持安宁有重要意义。这两部兵书和大量的奏疏论稿，集中反映了戚继光特色鲜明的军事思想。

治军练兵求实效，武器战阵亲改进

戚继光军事思想的基本特点是推陈出新，讲求实效。具体而言，主要表现在为将标准、练兵方法、改进武器、发展战阵等方面。

戚继光把提高将领素质放在增强军队战斗力的首位，认为"练兵之要，先在练将"。他认为，将领的素质主要表现在德、才、识、艺 4 方面，以德为首。将德的核心是"卫国保家，立功全名"，具体表现是"忠君、敬友、爱军、恶敌"。如何练将？他主张先办"武库"（军官学校），武官在"武库"学习 3 年，系统掌握"韬略"、"武艺"、"胆力"、"杂技"（军事技术）

等知识技能；再把武官放到"实境"中去检验，"试之既真"，则分阶段委以责任。对于一军主将，他提出了更全面的要求。除古来兵家常论及的领导艺术外，他更在躬行实践方面提出如下标准。第一，"所谓身先士卒者，非独临阵身先，件件苦处要当身先"。第二，"平时器技必须主将件件服习，以兼诸卒之长"，"又须……亲手看试过方可付士卒"。第三，广询博访"古今名将成败之政，一时山川形势之殊，敌情我军隐微之变"，集思广益。第四，以真爱之心对待士卒，使士卒感奋。第五，必须以严明的赏罚制度治军，但赏不专在物质财富，罚不专在斧钺之威，关键在一赏一罚要入"情"入"理"，要以"申明晓喻，耳提面命"的思想工作辅赏罚以行。第六，要善去自身的"心寇"，即扫除忿嫉贪欲，提高道德修养，如不能贪人之功和掩下之劳。戚继光的为将标准和练将主张，是他长期实践的经验总结，同时也吸取了前人的思想（如王守仁的心学），具体实在，又具有相当的理论深度。

关于练兵，由于戚继光亲身组建戚家军，又主持过神机营、蓟州等三镇练兵事务，有最丰富的经验和理论总结。首先，他以精选士卒为练兵的前提。选兵的标准是朴实、强健、有精神胆气，这个标准对以后湘军和清末新军的选练有重要影响。兵既选定，立即严格编伍，以"节节而制之"为原则，"始于士伍以至队哨，队哨而至部曲，部曲而至营阵，营阵而至大将，一节相制一节，节节分明，毫不可干"。编伍既定，就要从严训练。要绝对服从号令，专心用意，若犯军令，定斩不赦，哪怕是自己的亲儿子。训练讲求实效，反对"花枪、花刀、花棍、花叉"的形式主义。因此训练要严守科学规律，循序渐进，由易到难，由浅入深，由单兵练习到合兵演习。他认为"兵之胜负者，气也"，所以训练不仅是技术和战术的练习，也是胆气的练习，甚至认为练胆是训练之本。

戚继光十分重视武器的改进和熟练运用，并把它贯彻到练将与练兵之中。他认为："有精器而无精兵以用之，是谓徒费；有精兵而无精器以助之，是谓徒强。"比如他针对蒙古朵颜等部骑兵精良的特点而安排在鸳鸯阵中用狼筅等兵器，人、阵、器相结合，进退便利以拒敌骑。他很重视火器的研制和运用，用多种火器装备部队。神机营是火器专业化部队，他把任神机营副将的经验带到蓟州等三镇，不仅建设专门的火器部队，还把各部队改编为多兵种混编、火器与冷兵器合理配置的新型军队。

戚继光也很重视战阵的发展。对他说来，发展战阵不仅是队列变化及方圆开阖，更包括阵势力量的飞跃。首先，摆阵不能只是宜于变化御敌，而且要攻守兼备，如鸳鸯阵长短兵器迭用，刺卫兼顾，能因敌因地变换阵形，锐则攻敌，合则御敌乱敌。其次，阵非孤阵，一个阵势只是整个作战布局中的一环，兵力部署上谁攻谁守及何时攻何时守，都与阵势的变化相协调。引申开来，车步骑营的密切配合就贯穿着用阵的精神，这即是他说的"堂堂正正"之阵。

戚继光身体力行，讲求实效；练兵强兵，成绩显著；著书立论，绝少空言。他的思想，对明末和清代的兵家有较大影响，在现代也有一定意义。

6 宋祖舜对古代守城理论的发展

宋祖舜是明末兵家，兵书《守城要览》的作者。自幼喜读兵书。他长期在陕西、山西一带戍边，熟悉军旅生活，对守城知识有十分具体的感受。曾任都察院右佥都御史等职。崇祯八年（1635年），奉命提督军务兼抚治郧阳（今属湖北）。当时，高迎祥等率领的农民军已先破郧阳，渡汉水西入川。鉴于郧阳不守的教训，宋祖舜在自己"身经攻围之苦，目击守御之难"的实战经验的基础上，调动兵学素养，参酌前代兵书，以当代人吕坤的《救命书》、张朴的《城守机要》为蓝本，删繁录要，出以己见，两易其稿，写成了《守城要览》这部兵书。

《守城要览》共4卷，凡94章，系统论述守城作战的一般理论原则，详于城防设施和兵器的制作与使用方法，在前人守城思想的基础上，结合明末军事形势，提出了一些新的见解。

宋祖舜守城思想的核心，是主张"坐而役使敌国"。守城表面上是被动的，但要争取主动。敌人未来进攻，我要先加强防守；敌人不来挑战，我要伺机出击；敌人欲取主动，我多方扰之使其被动。有时要多次出击以振我士气，有时要按兵不动以挫敌锐气。要使敌人常处于紧张状态下。这样，就能变战略被动为主动。

宋祖舜提出了守城的"五败"和"五全"之道。"五败"是：城中力壮者少，老小病弱者多；城大而人少；粮少而人多；储积的物资屯于城外；豪强大户不肯出力用命。再加上城内地势低于城外水流的地势，土质疏松而护城河浅小，守城器具不足，柴火与用水不能保障，虽有高城也不能守。"五全"是：修缮城墙与护城河；守城器械齐备；人少而粮多；将士官民上下团结；刑罚严厉赏赐厚重。加上城邑背靠高山、面临大河，地势高而水源充足，地势低凹处却离水源较远，就利于守城。避免"五败"，争取"五全"，因天时，就地利，是守城的前提。

宋祖舜在守城的战术指导上，提出了"见利而行，不可拘以常格"的灵活机动原则。当敌人来势凶猛时，他主张"静默而待，无辄出拒"。如遇敌人主将亲临城下，他主张"度其便利，以强弩丛射，飞石并击，毙之"，以此沮丧敌人军心，使其退去。当敌人称降请和时，不能放松戒备，防守要更加严密，防其诈我。敌之初至，营阵未稳，可由暗门出奇兵击之。为疲敌扰敌，可在城上大造出城劫寨的声势，使敌人彻夜难眠，而我方照旧轮番守垛、睡觉，以逸对劳，与敌相持。当敌人因久攻不下，意懈而退兵时，可出城追袭敌军，但追袭不能过远。

宋祖舜的守城理论，丰富了自《墨子》以来我国的城守思想，进一步突出了我国古代重守中有攻的守城理论传统。

7 尹宾商《兵罍》的兵学体系

《兵罍》的基本体例

尹宾商是明末兵家，兵书《兵罍》的作者。字亦庚（夷耕），一字于皇，别号白毫子，晚年单名商。湖北汉川人，主要活动于天启、崇祯年间。他自幼聪慧好学，喜对精读之书细加评点。官至知县，因得罪上官而罢免归家，杜门著书。有兵书《兵罍》、《阃外春秋》和《武书大全》等。

《兵罍》一书，重在探讨用兵作战的战略战术原则和治军之方。尹宾商在精研历代战例的基础上，概括出36个原则和要诀，每个原则和要诀以一个字为目，如"声"，代表声东击西、示假隐真的原则。每个字下均有简明的论证，并各附若干战例。论证部分，文字简要通俗，便于掌握运用。他精于术数，并把这方面的知识运用到谈兵中去，由此形成了《兵罍》的独特风格。他分类辑录了300多个战例，使《兵罍》又具有军事史料价值。但是，象《兵罍》这样一部有一定价值的兵书，长期未能刊行传世，直到本世纪初才由刘誉荣等校勘付梓。

谋略打诈兼施，治军恩威并重

《兵罍》反映出尹宾商重谋略的思想。其中《诳》、《谲》、《佯》、《声》等10余篇都是讲谋略的，强调通过主观努力争取战略战术上的主动权，以较小的代价夺取较大胜利。他讲谋略，核心是对敌用诈。

他在《声》篇中强调通过虚张声势、声东击西来迷惑和调动敌人，以战术骗术制造有利于己方避实击虚的条件；在《赢》篇中发挥了前人示弱于敌、捕捉战机的战术欺骗法；在《佯》篇中分析了"伪为不胜以求胜"的佯攻和佯败之法；在《肄》篇中把兵法的精义概括为多方以误敌；在《谲》篇中强调"兵以正出而谲用之"的基本原则。总之，对敌作战，应多方应用诈术，示假隐真，欺骗敌人，随时争得战场上的主动权。对敌用诈，贵在出奇，每运用方略，要既不同于古人，又不同于前次，这样才能造成敌猝不及防的战术效果。怎样做到出奇制胜呢？他提出了设异破敌、突出惊敌等方法，以敌人不常见之物、难预料之行动乱其阵脚。

《兵礼》反映出尹宾商强调心理因素的战争观。人的精神状况对战争进程及其转变是有一定作用的。尹宾商认为，进行战争必须"治气"、"治心"、"治力"、"治变"，4个要素中，"治气"、"治心"与"治变"都与调节人的心理因素有关，只有士气旺盛、军民一心、应变措施得力，既有的人力与物力才能转化为强大的战斗力。

《兵礼》反映出尹宾商灵活机动的战术思想。他提倡军队应具备战术上的灵活反应的能力。在兵力运用上，既要善打集中优势兵力破敌的"合"战，又要能打运用少量精兵突击破敌的"寡"战。在战场动作上，他非常强调"以静为主"、"以静制动"的"兵以静胜"的战术，同时又追求"自始至终着着求先"的战术指导境界。他总结前人兵法，提出了许多简明易记的战术原则，如："扼"，即控制和打击敌方要害部位的战术；"制"，即以己之长制敌之短的战术；"必"，即掌握战场主动权、牵制敌人的战术，等等。他在论述这些战术原则时，体现出较丰富的军事辩证法思想，强调处理好对立现象的转化。他反对呆板教条地运用兵法，主张"运用之妙，存乎一心"。

《兵垒》反映出尹宾商恩威并重的治军思想。他继承古代兵家的这一传统，并进行了比较系统的简要阐述。首先，治军贵严，严表现在以"诛"立威和以"整"训卒两方面。立威，即将士随时服从调动和指挥，令能即行，禁能速止，为保证此点，对违犯军令者必须坚持"当杀勿赦"的原则。对"贵幸"者、"亲匿"者、"勇敢"者，只要敢以身试法，就决不容情。以"整"训卒，是因为"善行师行军者必整"，因此必须以军容严整为训练军士的起码要求。其次，治军须得良将。良将不仅是智勇兼备，还应该爱惜士兵。爱兵一是要视卒如爱子，二是要与卒同甘苦，三是要随时拔擢贤者、奖赏勇者。要成为良将，必须随时注意自身的品德修养和军事素养的提高。《兵垒》中《信》、《煦》等篇对此有集中的论述，如："信"，强调将帅要以诚信治兵；"集"，提出"善为将者假人之长以补其短"，等等。

尹宾商的《兵垒》有较为丰富的军事思想，又善于结合历代战例加以分析论述，至今仍有可供借鉴之处。但尹宾商缺少军事实践经验，书中间有敷陈前人之说和无所创见之处，甚至个别地方读来有迂阔之嫌。
这也是一类儒生型兵家的通病。

8　揭暄《兵经》的丰富内容

《兵经》的基本体例

揭暄是明清之际的兵家，兵书《兵经百篇》的作
者。字子宣，广昌（今属江西）人。明末诸生，明亡
后曾举兵抗清，失败后隐居山林。他深明西术，深于
物理，精通天文，曾于康熙二十八年（1689 年）撰
《璇玑遗述》7 卷，以其言多古今所未发，甚得时人赞
誉。又喜谈兵，撰《兵经百篇》、《战书》等兵书。其
生活年代，大致由明末天启年间到清康熙中期。

《兵经百篇》又名《兵法百家》、《兵经百字》、
《兵法圆机》，约撰于明清之交。初以抄本流行，道光
初以《兵法百言》为名收入《皇朝经世文编》，始有
刻本。全书分为《智》、《法》、《术》3 编，分别用
"先"、"机"、"势"等 100 个字作目，论述 100 条军
事原则。其中，《智》编包括 28 条，主要讲以谋制胜
的原则；《法》编包括 44 条，主要讲组织、建设、治
理军队的原则；《术》编包括 28 条，主要讲战场形势
与变化问题。该书论辩精微，富于哲理，体例谨严，
是揭暄军事思想的结晶。

战略周密有后着，知变铸法论作战

注重战略制定上的严密性与应变性，是揭暄军事
思想的特色之一。他推崇孙武"不战而屈人之兵"的

全胜战略，以"于无争止争，以不战弭战，当未然而寝消之"为最高战略目的。为达到此目的，同时要有不得已而战的战略准备。制订具体的方略，要遵循这些基本原则：第一，争取战略主动，先发制人，但又要有应付形势逆转的方略，作好"以后为先"、后发制人的准备。第二，战略部署要具有灵活应变的特点，做到"兵必活而后动，计必活而后行"。战略部署的灵活性必须与战略部署的严密性相统一，在灵活性中必须蕴藏着严密性，在严密性中必须包含着灵活性。第三，战略部署必须包括策应和后着的安排。没有策应安排就会使军队成为孤军，没有后着（即备用方略）就会使既定方略成为穷策。作好策应安排，军队方可气壮势盛地去作战；留有备用方略，形势变化仍可施行既定战略。这些思想，对我们今天制定战略方针也是有一定启发意义的。

强调战术上的相机而战，是揭暄军事思想的又一特色。战术上的相机而战，以"铸法"和"知变"为前提。"铸法"就是要融会贯通、因敌因势而运用兵法，"知变"就是要掌握敌我双方多寡、劳逸、利害、顺逆等形势的发展趋势。"知变"才能"铸法"，"铸法"才能应变。比如用兵的急缓，就要根据敌我双方情况比较而定。可以速决就乘隙进攻，宜于缓战就与敌相持。哪些情况该迅急用兵，哪些情况该与敌相持呢？以与敌相持为例，揭暄列举了11种情况：敌挟众而来，其势不可久留；敌形势不利，急于决战；敌进攻之势优于我方；敌处于险境，我处于安全的境地；

敌缺粮而我充裕；敌疲我逸；双方都宜静观其变，先动者败；双方势均力敌；敌众而内部不和，将自相残杀；敌将虽然高明，但内部有人掣肘；天时或地理的变化将对敌不利，敌锐气将懈。在上述情况下，如与敌相持，对我有利的战机就易寻得。揭暄所论各项，并不一定全对，但他注意细析战机，终属难得。

揭暄在发挥将领作用、提高将帅素质、加强军队内部团结和以法治军等方面，也有独到见解。如主张"将制其将"，反对"以上制将"；主张进言不拒，"不善不加罚"；主张凡兴师动众，必须从国家、民众、军队三方面考虑得失，等等。

揭暄的军事思想和兵学理论，成为明代兵家史上最后一抹余晖。

九 清朝兵家思想的重要变化

 清朝社会的巨变

公元 1644 年，李自成进北京后，原明山海关总兵吴三桂引清军入关，并迅速逼李自成向陕西转移。清军入北京后，迁都于此。以后先收西北，后定东南，逐个消灭反清力量，实现全国统一。

清初统治者改变入关之初的屠杀和仇视汉民政策，确立以满族贵族为主的各族统治者的联合政体，学习汉文化，在官制、法律、军制等方面逐步消弭满汉的差异，社会生产也获得迅速恢复和发展。在康熙、雍正、乾隆时期，出现了经济和文化相对繁荣的局面，国家也得到空前的统一。清中叶起，由于封建社会的衰老，封建王朝的机能已失去再生能力，资本主义萌芽又得不到正常成长，社会出现多种危机，清王朝全面走向下坡路。1840 年，英国侵略中国的第一次鸦片战争爆发，西方列强的洋枪洋炮打开了中国的大门。中国由于长期闭关自守，经济和军事技术上的落后暴露无遗，清朝皇帝和不少大臣的观念之陈旧更令世人咋舌。尽管民众和部分爱国官兵英勇顽强地进行抵抗，但腐败的政治和软弱的国防力量还是使战争以中国的失败结束。鸦片战争后，丧权辱国的清廷更加失去民心，洪秀全趁势发展拜上帝会，建立太平天国，领导起义军从广西一直打到南京。以曾国藩组建的湘军为主的清军，历时数年，才把太平天国镇压下去。与此同时，西方列强又发动了第二次鸦片战争，给中国带来更加巨大的灾难。

痛定思痛，部分清廷官员开始把目光转向西方，希望在军事技术和工业等方面向西方资本主义学习，以实现"自强"、"富国"。于是"洋务"运动兴起，中国开始出现近代化军事工业和民用工业，出现了新式的海军和陆军，出现了新式的学校和书刊等。1894年，日本继入侵朝鲜后侵略中国，中国海军在对日作战中损失殆尽。以后康有为等的变法维新又被镇压下去，清廷已如汪洋中千疮百孔的破船。1911 年 10 月 10 日，武昌起义爆发，各省先后宣告脱离清廷。次年，中华民国成立，清朝灭亡。

 战争特点的变化及其

对兵家的影响

清朝的战争类型有四种：一是清军与复明武装的战争，主要发生在顺治时期；二是清军与分裂割据势力的战争，主要是康熙年间平定吴三桂等三藩叛乱的战争；三是清军镇压农民起义军、少数民族和民间会教武装的战争，如镇压太平军的战争；四是抗击外国侵略者的战争，早期如康熙年间驱逐沙俄侵略军的雅克萨之战，后期如鸦片战争、中日甲午战争等。为期最长、变化最大的是后两类战争。

清朝的战争经历了重要的变化。鸦片战争以前，火器与冷兵器并用，作战方式与明代相比没有大的变化，骑兵与步兵仍是作战的主力，士兵主要是世袭的。鸦片战争以后，清军对外作战面临着全副洋枪洋炮武装的外国侵略者，于是也逐步用洋枪洋炮来装备自身；但这种变化比较缓慢，对外作战常常失败。作战方式也发生明显变化，以炮火进攻或御敌成为常见形式，舰队海战也出现了，骑兵的地位明显下降，士兵主要依靠招募并进行选练。

清朝的兵家因为战争方式的变化也表现出明显的阶段性。前期兵家多是传统的，或理论或实践，主要着眼于传统的战略战术和治军方式；后期兵家多是突破传统的，因为战争新形势的需要，理论与实践相结合，主要着眼于建军治军的新问题。前期兵家往往或着力于实践，或专心于谈兵，较少有理论与实践相结合者，其中杰出者如努尔哈赤、皇太极，都是在战争中显示其卓越军事天才的。后期兵家多有理论与实践相结合者，其中杰出者如曾国藩、左宗棠、李鸿章，均学养宏富，博通古今，又多居军中，组军练军。即使窃国大盗袁世凯，在理论与实践相结合从而对军事有所创新方面，也是颇引人注目的。学习和借鉴西方发达国家的军事技术和军事制度，是晚清兵家比较普遍的思想。这些思想给清朝兵学注入了新内容，也给中国古代兵学史补上了最后的有价值的一页。

努尔哈赤军事艺术的不稳定特征

生平与业绩

努尔哈赤（1559~1626年）即清太祖，后金政权的创建者，清朝的奠基人，军事家，政治家。建州女真贵族，爱新觉罗氏，建州左卫赫图阿拉城（今辽宁新宾老城）人。其祖父为明建州左卫都指挥使，父亲为指挥使。明万历十一年（1583年），其父、祖被明将李成梁误杀，他袭父职为建州左卫指挥使。因其父、祖之死与苏克素护河部首领尼堪外兰有关，遂以“遗甲十三副”起兵攻尼堪外兰。十四年，破鄂勒浑（今抚顺东），尼堪外兰逃走后求明官保护，因向明官索得而被杀。十六年，征服建州五部（苏克素护河、哲陈、浑河、栋鄂、完颜）。十七年，被明廷任为建州左卫都督佥事。十九年，收服长白山三部中的鸭绿江部，被明廷升为都督。二十一年，大败女真叶赫部与扈伦四部、长白山二部、蒙古三部的联军3万之众，自此军威大震。二十七年，吞并哈达部。三十五年，灭辉发部。四十一年，兼并乌拉部。四十三年，正式建立八旗制度，原有黄、白、蓝、红四旗，复增镶黄、镶白、镶蓝、镶红四旗。女真人无论老少男女，均隶旗籍。四十四年，在赫图阿拉称汗，建元天命，立国号大金（史称后金），为建立清朝奠定了基础。

后金天命三年（1618年），他乘明朝统治衰败，以明朝"杀我父祖"、"耕种田谷不容收获"等"七大恨"为由，誓师告天，向明朝宣战，率兵1万克抚顺，拔清河堡（今抚顺东南）。四年，明兵部侍郎杨镐率四路大军攻后金，努尔哈赤大败其西、北、东四路，明南路军不战而退。努尔哈赤乘胜取开原、铁岭，灭叶赫部，海西女真扈伦四部至此均为后金所灭。六年，他在城内蒙古人的策应下攻取沈阳，又克辽阳，辽东城寨多降，遂迁都辽阳。七年，取广宁（今北镇）及西平堡等。十年，迁都沈阳，是为盛京。辽阳、广宁等地汉人密谋反抗，他下令清洗各村带头闹事的秀才，杀为首者，余人分给各官为奴。十一年，率军攻宁远（今辽宁兴城），被明守将袁崇焕用"红夷"大炮击退。这年八月，因疽发于背而死，或说因在宁远为炮所伤而死。庙号太祖。

努尔哈赤自初征尼堪外兰到兵败宁远城，统兵作战40余年，统一女真各部，攻占辽东地区，身经百战，指授方略，培养出一批能征善战和治军有方的将领，为以后清军入关奠定了基础。他虽然尚未形成系统的军事思想，但在战略和战术上都有值得称道之处，在建军思想上更对清朝有重要影响。

先弱后强善攻心，因敌制变欠火候

在战略上，他采取先攻弱者、后攻强者的方针，使己方军事力量不断壮大，形成与明军对峙之局。努尔哈赤初起时，兵力根本不足以与辽东的明军对抗。他先以5年时间统一建州女真五部，接着又大败叶赫等九部联军。在统一女真各部的战争中，他根据各部情况，先击其中较弱小者，再击乌拉等较大之部。为防止腹背受敌，他打着拥护明朝的旗号，又与蒙古科尔沁等部通好，并同朝鲜通使。对各部首领，征抚并用，所统之部越来越多。在灭哈达、辉发、乌拉等大部后，他方誓师攻明，夺取辽东之地，整个战略部署显得很有节奏。

在战术上，他善于集中兵力对敌和运用攻心之法。他兵取抚顺和清河堡后，明朝分兵四路合击后金。面对强大的敌人，努尔哈赤断定：明军西路约3万人，由名将杜松统领，最为强大，其由沈阳出抚顺关而来，对己威胁最大；其余3路因山险路远，不可能速至。遂决定采用"凭尔几路来，我只一路去"的对策，集中八旗6万精兵，利用山谷狭地，在萨尔浒山（今抚顺东）重创明西路军。接着，又集中兵力在飞芬山（今抚顺县境）一带歼明朝北路军，在阿布达里岗（今新宾与桓仁交界处）击败明朝东路军。这次作战，努尔哈赤集中兵力三战明军，歼灭明军约6万人，与其用兵人数相当。从总兵力看，明朝优于后金，但努尔哈赤利用明军各路互不协调的弱点，逐路击破之，变总兵力上的劣势为具体作战兵力上的优势，创造了战争史上少有的连续集中兵力破敌的有名战例。努尔哈赤还善于对明将打攻心战，使他们放弃顽强抵抗。攻抚顺城时，他宣布若明将举城投降，保证不杀戮归降的城民，禁止部下掳掠城中官员、军民及其亲属为奴，也不要求归降者改从女真习俗如剃发等。他只对抚顺城发起一次进攻，明将李永芳便率所属出降，可见其攻心之法明显发生了效应。

在建军思想方面，他认识到军队建设的重要性，创建了满洲八旗制度。他以旗统军，以旗统民，把分散的女真各部组织在旗下，集军事、生产、行政组织为一体，既保证了兵源的稳定，又初步建成行之有效的军队管理体系。他还突破仅以田猎演兵的传统，规定了"跳涧"、"越坑"等训练项目，以提高士兵的素质和技能。

努尔哈赤有较高超的作战艺术，但还不稳定。如其攻心战法，在他征服辽阳等地后便被抛弃不用；而他善用间谍等战法，一用再用，终至被袁崇焕破坏。这说明他在因敌制变上还欠火候。当然，这些都不足以影响他在兵家史上的重要地位。他的军事思想对后来兵家有较大影响。

4 皇太极兼收并蓄的军事思想

生平与宏业

皇太极（1592～1643年）是努尔哈赤的继承人，大清国的创建者，军事家，政治家。他是努尔哈赤第八子。少年时即随父亲征战，曾参加攻克海西女真乌拉部六城之战。万历四十三年（1615年），努尔哈赤定八旗制度，他被授为正白旗主旗贝勒。后金天命元年（1616年），为和硕贝勒，与其兄代善、阿敏、莽古尔泰合称"四大贝勒"。以后，随努尔哈赤克抚顺，取开原、铁岭，灭叶赫部，与诸贝勒破明西路军、东路军。又在攻占沈阳后，率百骑破明军数千；率部攻明将袁应泰部左翼，大破明军。天命十一年（1626年），努尔哈赤死后不久，大贝勒代善与诸贝勒拥立他为大汗，是为太宗。时镶黄旗无旗主，由他兼领，于是挟有两旗，实力超过诸贝勒。天聪元年（1627年），命阿敏等进兵朝鲜，至平壤，渡大同江，迫其国王李倧遣使请盟。这年五月，亲率八旗兵 5 万进围锦州；另派一军进逼宁远，阻止明军救援锦州。后因攻锦州不下转攻宁远，失利而又回攻锦州，无功而退。二年，攻蒙古察哈尔部，逼其退至西喇木伦河之外。三年，率 10 万大军攻明，绕道蒙古，自龙井关（今河北遵化东北）、大安口（今遵化西北）越过边墙，至明京师城下。名将袁崇焕入援京师，他遂施反间计。明思宗疑崇焕与后金密约，令其下锦衣卫狱，后以"谋叛罪"诛崇焕。东归路上，连下数城。五年，率兵攻克明大凌河城（今辽宁锦县）。六年，废大贝勒与大汗并坐旧制，八固山共治国事之法亦废。七年，编汉军为一旗，以降将马光远统领；以海盗首领孔有德、耿仲明为都元帅、总兵官，由他们引导攻陷明旅顺口。八年，定骁骑营、前锋营、护军营等名目，收察哈尔部余众，征黑龙江虎尔哈和东海女真瓦尔喀部。九年，统一漠南蒙古，置蒙古八旗，改女真族名为满洲。十年，即皇帝位，国号大清，改元崇德。同年秋，派阿济格等攻明，由喜峰口入长城，过保定，至安州，破江城，俘人畜 18 万，后由建昌冷口出长城。十二月，因朝鲜拒绝服从清朝，领兵往攻，逼其国王李倧乞降称臣。崇德二年（1637年），遣军袭取明皮岛（今朝鲜西部海中椴岛），扩汉军为两旗。三年，派兵分路攻明，俘获人畜数十万。次年三月出青山口（在迁西东北），前后破畿辅州县43座、山东州县18座。五年，变入关掠夺战略为攻城夺地、逐步推进战略，命大军进围锦州。六年，亲往督战，大败明军，围明军主帅洪承畴于松山（今辽宁锦县南）。七年，夺取松山，劝降洪承畴。旋取得锦州、塔山、杏山。至此，明军精锐大半损失。这年，汉军也发展为八旗。年末，部分清军从墙子岭（在密云东北）、青山口入长城，破蓟州。又深入山东腹地，克城数十座，进至海州、赣榆等地。八年，病卒。次年，清军入关夺取北京。

皇太极青年时期屡经征战，统帅后金和大清军队近20年，既有实战经验，又屡运筹帷幄，具有高超的军事指挥艺术和丰富的军事思想。与努尔哈赤不同的是，他比较注意学习历史和兵法，善于利用汉族的先进技术和明军的降将，使其文韬武略渐趋精进。

攻抚兼施因敌制胜，以汉制汉不废骑射

审时度势，调整战略，先消耗明军实力，再攻坚克锐，是皇太极文韬武略渐趋精进的重要标志。皇太极即位不久即秉承努尔哈赤的既定战略，攻明锦州、宁远，以便长驱入关。但锦、宁城坚兵强，又有袁崇焕等坚守，屡攻不下，反而损兵折将。他吸取兵败锦、宁的教训，放弃原定攻坚战略，率军绕道攻击防守较薄弱的长城关隘，4次入关，攻略州县，掳掠大批人畜财物回沈阳，充实清军的军资，同时不断消耗明军的实力。崇德五年（1640年），鉴于漠南蒙古已归附，朝鲜已乞降称臣，关内经多次绕道攻掠，又加上李自成的农民军重入河南，明廷已相当虚弱，于是改变战略，恢复对锦州等辽西重镇的攻击。后历时两年，终于连克锦州、松山、塔山、杏山，打通了辽西入关通道。

既注意吸收中原汉族军事文化，又注意防止满人过早汉化，保持满人善于骑射的风格，是皇太极强化其军事力量的成功经验。他一方面依照汉族模式制定政策，采用先进的军事技术，利用汉人制造红夷大炮，建立炮兵部队，提出"满汉一体"的口号，争取汉人支持，利用明降将乃至海盗组建汉军，大大扩充兵力；另一方面，又注意防止因汉化而带来满洲将士战斗力的减退，要求贵族和高级官员阅读《金世宗本纪》，吸取历史经验。他指出，满人若仿效汉人服饰制度，宽衣大袖，废骑射之术，则国家将亡。在当时，清军的基本作战形式是野战攻城，保持娴于骑射、勇敢顽强的风格无疑是取胜的重要前提。

皇太极死在清军入关之前，但入关的道路基本已由他铺平，尤其是他善于诱降明朝重要将领，为入关后统一全国大部分地区准备了重要条件。攻克松山后，明军主将洪承畴被俘，他亲自诱降洪承畴，用明"君暗臣蔽，故多枉杀"的事实打动洪。洪归附后，他对洪表示十分恭敬。诸贝勒为此不悦，他告诉众人：欲得中原，正需要洪承畴这样的引路人。后来，洪承畴在陕西时的部将李本深和刘泽清亦受其影响降清。攻锦州时，皇太极又说服祖大寿降清，祖大寿致信其外甥吴三桂，对吴三桂的降清起了一定作用。洪、祖、吴失节降清固不可取，但皇太极"以汉制汉"的策略毕竟发挥了很大的战略效应。

在作战指导方面，皇太极也能较为灵活地运用战术。他总结在宁远、锦州败给袁崇焕的教训，在崇德五年至七年与明军的决战中，下令采用长围久困之法，将士3月一轮换，及时休整。后又总结围城不严的教训，在锦州城外四面扎营，挖壕沟，立栅栏，既不让明军炮火射中，又封锁各条道路，断绝锦州外援。当清军攻击占领乳峰山（在锦州与锦县之间）的明援军受挫时，他亲临前线，登高观察，发现明援军后阵甚弱，首尾不能相顾，决定切断明援军粮道，连掘宽丈余的3道大壕，困明援军于其营，又派伏兵截断通往杏山的道路，终于使明援军困守松山，粮尽力竭，开城投降。这次决战，充分反映了皇太极因敌制胜的指挥艺术。

皇太极的军事思想对清初名将济尔哈朗、阿济格、多尔衮等有重要影响，尤其是其攻抚兼施、"以汉制汉"的策略，在清初统一战争中发挥了重要作用。

曾国藩建军练勇的思想

生平与兵学著作

曾国藩（1811～1872年）是中国晚清军事家，湘军的创立者和统帅。初名子城，字涤生，湖南湘乡人。道光十八年（1838年）进士。历任内阁学士，礼、兵、刑、吏等部侍郎。为军机大臣穆彰阿门生，曾从倭仁、唐鉴讲习程朱理学，熟悉古代典章制度及兵略。咸丰二年（1852年），丁母忧回籍。三年，奉命帮办湖南团练，以对付太平军。四年，练成湘军，率其水师、陆师与太平军作战，初败于岳州（今湖南岳阳）、靖港（今望城西），为此曾投水寻死，被救起。后在湘潭获胜，又攻克太平军占领的岳州、武汉，率部东下，破田家镇。五年，年初进兵江西九江、湖口，其水师在鄱阳湖中为太平军重创，只得退兵。这年，曾应湖北巡抚胡林翼之请，派兵援攻武昌。六年，严守南昌以防御太平军石达开部。年底，乘太平天国发生内讧、石达开率主力回救天京（今南京）之机，占武汉，围九江。七年，因父丧回籍。八年，先克九江，继小心堵截太平军。九年，与湖北巡抚胡林翼共谋四路攻皖之策，定计围困安庆。十年，授两江总督、钦差大臣，督办江南军务，奉命驰援苏南。他一面上疏力陈安庆之围不可撤之理，一面亲率一军进驻安徽祁门，以便开赴苏南，后被太平军围困。解困后，坚持长围打援之策，继续攻安庆。十一年，督其弟曾国荃军攻陷安庆，奉命督辖苏、皖、赣、浙4省军务，巡抚、提镇以下咸归其节制。同治元年（1862年），以安庆为大本营，部署大进攻战略，令浙江巡抚左宗棠率湘军自江西进攻浙江，命江苏巡抚李鸿章率淮军自上海进取苏南，令曾国荃率湘军沿江东下攻天京（今南京）。同治三年，大进攻战略完成，曾国藩因封一等侯爵。这年，因担心兵权过重引起猜忌，主动对湘军进行大规模裁撤。四年，奉命督办直隶、山东、河南3省军务，提出以静制动方针，以图遏制捻军纵横之势。五年，又提出聚兵防河方略，以围困捻军；但因捻军冲破开封南面芦花冈堤墙而东走，防河计划失败。六年，回任两江总督，授大学士。七年，调任直隶总督。九年，第三次出任两江总督。同治十一年（1872年），病卒于南京。谥文正。

曾国藩中年以前为文臣，中年组建湘军，统兵征战十余年，镇压太平军，围剿捻军，成为著名的儒将。他治理军事、政事之余，勤于读书，多所论撰，有《曾文正公全集》传世。他编撰的传世兵书有《虎门威远等处炮台图说》、《武备辑要》、《江苏水师奏议》、《兵事手札》、《重定营规》等。他丰富的军事论述和练兵经验等，体现于其《全集》及有关兵书之中。

识将驭将胸怀广，练勇重技眼界新

曾国藩十分重视军事领导人才的培养和选拔，这是他一手组建的湘军和受其影响出现的淮军具有较强战斗力的重要原因。在曾国藩的幕府中，良将治才屡出，后与他齐名的左宗棠、李鸿章均出自他的麾下，郭嵩焘、彭玉麟、李元度、薛福成等都曾为其幕府，并受其举荐。后来曾与曾国藩发生矛盾的左宗棠在给他的挽联中叹道："知人之明，谋国之忠，自愧不如元辅。"他的主要对手、太平天国翼王石达开也曾说他"不以善战名，而能识拔贤将"。作为一军大帅，识将是至关重要的。

曾国藩所以能"识拔贤将"，与他关于将领问题的理性认识有密切关系。他认为，理想中的军事人才，应以血性为主，廉明为用，而廉明的培养，多赖学力的积累。他对带兵将领的具体要求是："第一要才堪治民，第二要不怕死，第三要不急急名利，第四要耐受辛苦"。治民之才体现在公正严明和勤谨上，不怕死体现在临阵当先上，不急急名利体现在升职加薪等诸多方面，耐受辛苦体现在身体强健、精神饱满上。对于将才，他又提出"知人善任"、"善觇敌情"、"临阵胆识"及"营务整齐"四条标准。根据这些认识，他战时察人才之胆识，平时察人才言语举动，根据观察结果提拔或举荐人才。如他举荐李元度的考语是"备尝艰苦，百折不回"，举荐左宗棠的考语是"刚明耐苦，晓畅兵机"。

与"识拔贤将"相辅相成的，是曾国藩善于驾驭将领、虚怀纳言。他认为，"驭将之道，最贵推诚，不贵权术"。但又强调驭将必须宽严并济，不能失之宽厚。根据这样的认识，他认为营务之要，一在树人，一在立法。对于军中悍将，他主张"应宽者二，应严者二"。即：银钱施与慷慨大方，遇有战功推功于彼；话不可多情不可密，事关军纪剖明是非。就是在名利问题上从宽对待，礼义问题上从严处理。不以恩怨而废举劾，也是他所以能驾驭将领的一个关键。对于将领的意见，他往往善加采纳。他初起兵即遭岳州之败，后用陈士杰、王闿运之策，取得湘潭之胜。他在同治

173

三年与左宗棠绝交，后又竭力举荐左宗棠，多次盛赞左宗棠的兵略，也与虚怀采纳罗汝怀等的劝勉有关。

组建湘军的过程，充分反映了曾国藩关于军队建设和训练的思想观点。他募选湘军将士，针对清初以来绿营"将与将不相习，兵与兵不相知"的缺点，实行"营官由统领挑选，哨弁由营官挑选，什长由哨弁挑选，勇丁由什长挑选"的递选制，使兵将上下相亲，同时也开始了兵为将有的局面。对于所募勇丁，以"技艺娴熟，年轻力壮，朴实而有农民土气为上"。应募者必须家庭情况清楚、本人身份明确，并有保人具结担保。这些募选方法，为以后淮军和清末新军组建时所借鉴，对近代军队的组建方式也有一定影响。鉴于绿营丁兵薪饷过低，影响操防，他主张厚给薪饷，以鼓舞士气。为解决士兵薪饷问题，他多方筹集，得邓辅纶、王家璧等捐资集饷，周开锡、吴嘉宾等转输粮食，左宗棠等相助筹饷，使湘军饷制优厚，将士相对安心服役。他注重对军队的教育训练，以"忠信"为本教育将士，要求军人以"勤恕廉明"和"谨慎"为行为准则。对于军队的训练，他把"训"和"练"分开。"训"包括"训营规"和"训家规"，"训营规"指点名、演操、巡更、放哨、站墙子等军规的教育，"训家规"指禁嫖赌、戒游惰、慎语言、敬尊长等道德教育。"练"包括"练技艺"和"练阵法"，"练技艺"包括练刀、枪、拳、棒等，"练阵法"包括练鸳鸯阵、三才阵、方城阵、四面相应阵等。曾国藩的军队建设和训练思想虽然封建色彩相当浓厚，但重在实用，方法多样，对后世影响也较大。尤其是他把营制、营规编成押韵易记的歌诀，让士兵学唱，不失为教育训练的一种成功尝试。

曾国藩的封建传统思想和儒家思想较深，但他对西方军事技术也相当注意。同治元年，他特设军械所于安庆，后又和李鸿章在上海设置江南机器制造局，仿制外国开花炮、弹药及轮船，制造出我国第一台蒸汽机，装备湘军、淮军。他还支持设立译书馆，翻译有关机器制造、使用及火器原理的书籍；支持容闳向美国派遣留学生的计划。

曾国藩亦文亦武，是鸦片战争后特殊形势造就的著名军事家。他的出现具有引人注目的意义：中国完全传统型的兵家的时代正在结束，新的面向世界型的兵家的时代正将到来。他是这一转变中的典型，旧的烙印尚深，新的印记初现其身。比他年龄稍小些的左宗棠、李鸿章也具有他这种典型性，不过他们身上新的时代的印记似稍多些，转型特征更鲜明些。

 ## 6　左宗棠兵学思想的转型特征

生平与兵学著作

左宗棠（1812～1885 年）是中国晚清军、政重臣。字季高，湖南湘阴人。道光十二年（1832 年）中举人，后屡试不第，在已故两江总督陶澍家当塾师，遍读群书，钻研军事。咸丰二年（1852 年），入湖南巡抚张亮基幕，不久因张亮基调位而辞归。后入骆秉章幕，参赞军事 6 年，深得骆秉章倚信。咸丰十年，由曾国藩保举，朝廷特旨任为四品京堂襄办军务，在曾国藩支持下招募"楚军"5000 人，成为湘军劲旅之一，并率部在赣东北和浙西与太平军作战。十一年底，任浙江巡抚。同治二年（1863 年），占领金华、衢州、桐庐、富阳等要镇，升任闽浙总督。三年，攻陷杭州，控制整个浙江，逼浙江境内太平军全部退至江西。这年冬，率所部万余人进军福建，追剿太平军李世贤、汪海洋部。历时 1 年多，先后在福建龙岩、漳州大败太平军，于五年初在广东嘉应州（今梅县）将李、汪二部攻灭。不久，到福州与沈葆桢设马尾造船厂，计划修造轮船。这年秋，调任陕甘总督，以钦差大臣督办陕甘军务，制定"先捻后回"、"先秦后陇"方略。次年，率军西上"攻捻"、"攻回"。七年，会同钦差大臣李鸿章将西捻军击灭于山东海滨。这年末，遣将入陕北，迫降反清武装董福祥部。八年，率军攻剿宁夏回民军马化龙部。次年，迫降马化龙。以后，又以两年多时间剿灭甘肃、青海回民军马占鳌、马桂源、马文禄部。授协办大学士，在西北发展机器制造业。十年，沙俄强占伊犁地区，左宗棠驳斥放弃新疆的论调，力主收复失地。光绪元年（1875 年），任钦差大臣，督办新疆军务，嗣以两年多时间消灭中亚浩罕国（在今乌兹别克斯坦）阿古柏在新疆建立的政权，收复天山北路、南路。此后，他建议在新疆设省，并力主以武力收复沙俄侵占的伊犁地区。光绪六年（1880 年），他以近 70 高龄，率军西驻哈密，拟以三路出击收复伊犁，但旋被清廷召回北京。七年，任军机大臣，调两江总督兼南洋通商事务大臣。十年，入值军机处，不久任钦差大臣督办福建军务。十一年，病逝于福州。谥文襄。

左宗棠中年以前为一下层文人，中年以后由幕僚而成为"楚军"统帅，再成为同治、光绪年间军政重臣，外掌精兵，内参军机，早年所积累之兵学知识，由军事实践而得以升华为丰厚的军事思想。他的军事思想代表了中国传统兵学的重要转型。他颇重兵学理论，曾撰《料敌》、《定策》、《用间》、《善后》、《海屯》、《器械》等军事论著，编纂和鉴定《兵书三种》、《中西兵法》等兵书。晚清人所撰《楚军营制》一书，包容了他大量的兵论。《左文襄公全集》更保存了他基本的军事论述。

收复新疆方略周密，学习西方办厂兴学

左宗棠军事思想中最具光彩的是他关于新疆问题的战略思想。同治初年，阿古柏在英国的支持下在新疆建立"哲德莎尔"伪政权，沙俄又趁机出兵占据伊犁地区，严重威胁我西北地区安全。左宗棠上疏清廷，直言驳斥"新疆无用"、"得不偿失"等放弃领土的谬论，从战略角度分析：新疆与甘肃唇齿相依，与蒙古西东相连，若停兵节饷，放弃新疆，则甘肃不保，蒙古难以安定，这样一来，京师的屏障动摇，国防将难以加强。他坚陈收复新疆为当务之急的主张，遂受命督办新疆军务。受命之后，他进行了周密的战略部署，以"缓进急战"、"先北后南"为总方略，以集兵整

军、筹措军饷、购粮转输、屯田积粮、买炮制枪等战争准备为收复新疆战略的第一步。战争准备进行一段时间后，先以兵收复天山北路，再就地筹粮整军。休整数月，挥师南下，由北向南分阶段击破阿古柏各部。这个方略施行有力，注意分兵作战、保障军需、改进装备诸要素的协调统一，体现了左宗棠精进的军事领导才华。

左宗棠在制定战略方针时，相当注意战略方向的选择和战略阶段的安排。在战略方向的选择上，他注重先击力量强大之敌，然后一一扫清分散远处之敌。任陕甘总督时，定下"先捻后回"、"先秦后陇"的战略，先集兵剿灭较近的、作战方式较灵活的西捻军，再分兵数路分攻较远的、组织较松散的甘肃、青海回民军。在战略阶段的安排上，他严守巩固后路、宁肯缓进决不轻退的原则。同治初入浙攻剿太平军，光绪初西进收复新疆，都不是一受命就仓促出兵，而是多方巩固后路，准备好进军的多方面条件。这样的战略安排，看似切入战局迟缓，实际上能保障稳固地控制战局，一旦大军发动，取胜就来得很快。曾国藩曾与人书，盛赞左宗棠"谋画之密"远在曾国藩和胡林翼之上。的确，左宗棠在兵家史上是不可多见的战略家。

治军强调得将士之心，是左宗棠颇具特色的思想。左宗棠曾在致曾国藩的信中说："用德不如用人，用人当先得其心，而后得其力。"曾国藩赞其为："精理名言，至当不易！"怎样才能先得人心？作为主帅，左宗棠最重身体力行，与将士同甘共苦。事无巨细精粗，必从根本做起，从自身做起。军队行进在万里沙碛之地，他亲居营帐。所得封赏之钱，分给出力的将士及他们贫困的亲友。他说："凡人须从吃苦中来。收积银钱货物，固无益于子孙；即收积书籍字画，亦未不为子孙之累。"他这种表率作用，对其统领的"楚军"将士有较大影响，"楚军"善战，与此不无关系。

左宗棠比曾国藩更加身体力行地吸收西方先进的军事技术。他主张"师远人之长，还以治之"，并具体创办近代军工企业。他在福州上疏请设局造船，并亲自选定厂址，主张逐步解决轮船和原材料供应。中法战争后，他又提出：对旧厂开拓加大，限期开工铸造大炮，"另开大矿添机炼冶"。他还提出了培养海军人才的建议，并拟定计划，先雇洋人教习，船成后让学员出洋周历各海口，因材授职。为此，他积极筹办"求是堂艺局"，以其为培养造船和航海人才的学校；制订《艺局章程》，对学员的纪律、待遇、考试及奖惩办法、学制和教职员编制等作出明确规定。这所学校后由沈葆桢办成，培养了严复、刘步蟾、邓世昌等杰出人才。

除战略、治军、重视近代军工企业的发展和海军人才的培养外，左宗棠的军事思想还有不少值得称道之处，如重视收复之地经济的恢复发展等。左宗棠是由旧向新的转变型兵家。

 7　李鸿章因时因势而变的军事思想

生平与编练军队

李鸿章（1823～1901 年）是中国晚清军、政重臣，外交家，淮军创始人和统帅。字少荃，安徽合肥人。道光二十七年（1847年）中进士。先后为翰林院庶吉士、编修。咸丰二年（1852年），大考二等。次年，随工部侍郎吕贤基回籍练乡勇，初战太平军。四年，因功加知府衔。后又加按察使衔。八年末，入曾国藩幕府，襄理营务，专掌文事。十一年，奉曾国藩命到安徽招募淮勇。同治元年（1862年），编组成淮军，其营制悉仿湘军。旋率淮军赴上海，组织洋枪队，以对付太平军。二年，伙同英人戈登的"常胜军"攻占苏州、无锡。三年，占领常州一带。这年，太平天国首都天京被攻陷，李鸿章因功封一等肃毅伯。四年，署两江总督，将原办洋炮局分别扩充为江南机器制造总局和金陵机器制造局。五年，继曾国藩为钦差大臣，率6万淮军在河南、山东攻捻军。先以"扼地兜剿"的战略剿灭东捻军，又与左宗棠等配合剿灭西捻军。六年，剿捻之事完毕，授湖广总督。九年，继曾国藩任直隶总督兼北洋通商事务大臣，掌管清廷的外交、军事、经济大权。李鸿章利用海关税收购买外国军舰，修建旅顺口、威海卫军港，在天津、大连、威海分别设立水师学堂、武备学堂和水雷学堂，并选派军官到德国学习军事，仿欧式练兵。光绪十四年（1888年），编练成北洋海军，颁布《北洋海军章程》，拥有舰船约30艘。李鸿章对外主和议。二十年，中日甲午战争爆发，他初奉行避战求和方针，继执行清廷宣战诏书，导致陆军在平壤战败，北洋海军在黄海覆没。战后，被革职留任。二十一年，开复革留处分，授为全权大臣前往日本议和，被日暴徒狙击，伤左颧。同年在日签订了丧权辱国的《马关条约》。二十二年，周历西方各国，考察政治。二十四年，往山东查勘黄河工程。二十五年末，署理两广总督。二十六年，又为直隶总督兼北洋通商大臣。八国联军侵占北京时，与庆亲王奕劻代表清廷与列强签订不平等的《辛丑条约》。二十七年，清廷设政务处，他为督办大臣，总理外务部事务。这年九月，病卒。谥文忠。

因时因势自强应变，先富后强面向世界

李鸿章组建淮军，在建军定制思想上主要受曾国藩影响。但他把眼光更多地转向外部世界，形成自己的军事思想体系，因时因势而变成为其军事思想的核心。他认为，当时中国出现了"数千年未有之变局"，面临着的是"数千年未有之强敌"。面对这种大变动，他主张"自强"应变。他指出："过此以往，能自强者尽可自立，若不强则事不可知。"怎样应变？在军事制度方面，他反对墨守"祖宗之成法"，反复强调要裁减疲弱之兵，增加军士的饷粮，主张废弃皇太极以来一再强调的所谓骑射为本之制，采用新兵器，建立近代化的新军队。与此相应，创办军事学堂，选派学生出国留学，造就新形势下的新军事人才。在战略制定方面，鉴于两次鸦片战争外国侵略者都从海道来犯，中国面临的战局与以前已大不相同，他力主加强海防。他认为，在本土作战自然仍可以陆军为本，但防止敌人登陆则靠牢固的海防。海防力量一是炮台，炮台布置得法，可拒止敌舰进口岸；二是近海设施，如以守

口巨炮、铁船阻防水路,藏伏水雷以击敌舰;三是在海上练成大支海军,装备铁舰快船,"南略西贡、印度,东临日本、朝鲜",以扬声威。与海防力量相应,在口岸附近驻屯大支劲旅,专备击敌。客观而论,这个战略设想是具有一定理论高度的,但由于种种原因(也包括他自身的原因),依照这个战略设想而建成的北洋海军,却在中日甲午战争中覆灭。

李鸿章在晚清军事领域里的突出贡献,一是建设我国第一支海军,二是大力发展军工企业。李鸿章建立军功,依恃的是淮军,而淮军所依恃的主要就是洋枪洋炮。因此,他十分看重军工企业和机械管理人员,视军工生产为"命脉所在"、"性命攸关"。他冒着欺君的危险,在上海开办江南机器制造总局,并使其发展成中国第一个大型军工企业;又将苏州洋炮局扩建为金陵机器制造局,以生产新式火炮为主。就任直隶总督兼北洋大臣后,接办和扩建天津机器制造局,以生产弹药为主。上述三家制造局,在甲午战争以前是中国最大的 3 家军工企业,可见李鸿章在发展晚清军工企业上有头等功劳。除发展军工企业之外,李鸿章循着"必先富而后能强"的思路,又委派专人创办轮船招商局,开煤矿、铁矿、金矿,开设电报局、机器织布局,请修铁路,创设航运公司赴英贸易,设立医学堂等。这些举措都与军事有着直接关系。

李鸿章在改革军事人才的教育制度方面,功不可没。他认为,当时科举考试太脱离时代,凭着章句弓马进身者所学不能为用,主张"另开洋务进取一格,以资造就"。他身体力行，一再奏请创办军事学堂，选派学生出国留学。他先后创办天津水师学堂、北洋武备学堂、威海水雷学堂，又从实际出发，设立水雷、鱼雷、枪炮、驾驶、管轮等专业培养性学堂。这批早期新式军事学校，不仅培养了一批军事人才，还推动了西学的传播。

李鸿章因时因势而变的军事思想和实践，是中国兵家史上面目新颖的一页。他的这种思想和实践能具有一定高度，与其善于吸纳意见有关。晚清时期，对世界大势认识最清醒的人，郭嵩焘要算一个。郭嵩焘出使英国，由伦敦寄书李鸿章，力主学习西方先进技术和派学生出国学习。这对李鸿章是有一定影响的。

 8　袁世凯的军事改革思想

生平与军事论著

袁世凯（1859～1916 年）清末民初军事家，北洋军阀统帅。字慰亭（又作慰廷或慰庭），号容庵，河南项城人。光绪七年（1881 年），投淮军统领吴长庆部，为营务处帮办。八年，随提督吴长庆开赴朝鲜，因功奖叙五品同知衔。十一年，由李鸿章保荐为三品道员，旋任驻朝总理交涉通商事宜。二十年，请调回国。这年，中日甲午战争爆发，他在辽宁筹拨粮饷武器。二十一年，向清廷呈上编练新军办法及营制饷章，参加维新派的"强学会"。年末，到天津小站接替胡燏棻编练定武军，后编成新建陆军。二十三年，升直隶按察使，掌练兵事宜。袁世凯仿照德国陆军编制，将新军按步、骑、炮、工、辎各兵种编制；习用洋枪洋炮，聘用外国教官，实施军事训练；开办随营学堂，培养军事人才。二十四年，向荣禄告密，出卖维新派，得到慈禧太后的宠信，成为戊戌变法的叛徒。二十五年，任山东巡抚，率武卫右军镇压义和团，并把所部扩充到2万余人。二十六年，参加刘坤一、张之洞策划的"东南互保"活动。二十七年，署直隶总督兼北洋大臣，以武卫右军为基础编练北洋常备军。二十八年，派段祺瑞等镇压景廷宾的农民武装，实授直隶总督兼北洋大臣。二十九年，清廷成立练兵处，他任会办练兵大臣。次年，练成北洋常备军三镇。三十一年，北洋常备军增至五镇，加上略具规模的陆军第五镇，北洋六镇基本编成。从此他成为北洋军阀统帅。三十三年，因受满族亲贵猜忌，调军机大臣、外务部尚书。宣统元年（1909年）初，被摄政王载沣勒令开缺到安阳"养病"。宣统三年（1911年），武昌起义爆发，凭着他对北洋势力的影响和外国的支持，出任内阁总理大臣。他陈兵长沙，在帝国主义支持下，一面要挟革命党议和，威胁孙中山让位；一面挟制清帝，胁迫其退位。1912年2月15日，他窃取中华民国临时大总统职位。1913年，派人刺杀国民党代理理事长宋教仁；向英、法等五国银行团取得"善后大借款"；击败讨袁军，逼孙中山、黄兴等逃亡日本；乘势解散国会，取缔国民党，以大总统身份实行独裁统治。1915年，与日本签订卖国的"二十一条"，以换取日本帝国主义对他复辟帝制的支持。同年 12 月 12 日，宣布改次年为洪宪元年，即皇帝位。同月 25 日，蔡锷等组成推翻帝制的护国军。贵州、广西、广东、浙江等省纷起响应。1916 年 3 月 22 日，因三路攻滇计划失败，各地战场均受重创，外交上又连受挫折，被迫宣布撤销帝制，仍称大总统。6 月 6 日，在举国上下的声讨中病死。

袁世凯初则出卖维新派，继又窃取辛亥革命成果，最后以复辟帝制而告终，一生政治上反动。但他在清末卓有成效地进行了军事改革，在理论和实践上均有建树。他的军事论述保存在《新建陆军兵略录存》、《训练操法详晰图说》、《养寿园奏议》等著述中，《容庵弟子记》等书中也保存了他的不少论述。

参用西法练新军，大办学堂育将士

袁世凯在清末编练新军，提出了"权时度势，扫除更张，参用西法，认真训练"的基本宗旨。编练之前，详定《新建陆军营制》和《新建陆军饷章》，取得清廷的信任，获得接练之权。编练过程中，他定"斩律十八条"，以严法治军，保证了军队的基本素质。小站练兵成功，其军队被当时人称为"整肃精壮"。尔后，他又组织编撰《训练操法详晰图说》，充分展示其治军思想。他要求将官植品节、矢忠诚、爱民、自爱、有谋、有勇。对下层军官，要求与士卒朝夕共处，在随时教诲士卒的同时，奋身率先，作出榜样。对士兵，提出了励忠义、敬官长、勤操练、奋果敢等 10 点要求。在具体的训练步骤和程序、方法上，普遍参用西法。

在创建北洋常备军的过程中，他参考西方军事制度，总结曾国藩组织湘军以来的经验，提出了更为系统的募兵练兵方略。关于募兵，他以"兵必合格，人必土著"为原则，组织制订《募练新军章程》和《募兵格式》，使募兵制度化。他还提出了设立常备兵、续备兵、后备兵的思想，这个思想被清廷写入普练新军的《新订营制饷章》中。关于练兵，他主张先练将弁头目，再令管带新兵。他认为，练兵之道"最忌分歧"，为求整齐划一，让北方各省将弁头目到北洋常备军学习操练，南方各省将弁头目到湖北学习操练。操练中，定期派大员校阅，拣其优劣，严加甄别。军队练成后，废弃以前各立军号的传统，按顺序"由第一以至于十百"编军定号，以做到"通国一贯，脉络相连"。建成之军，应设立电报房，以便号令指挥。这些做法，一方面使新军的普练趋于整齐，一方面又使北洋势力有力地渗透到各省各镇，说明袁世凯练军思想中包藏着深远的韬略成分。

袁世凯还注重兴办军事学堂。他奏请朝廷通饬各省广设武备学堂，还提出在全国设军事小学堂、中学堂和大学堂。随着北洋常备军的不断扩充，他主持设立了北洋将弁学堂、北洋军官学堂、武备速成学堂、北洋陆军讲武堂、宪兵学堂、北洋陆军速成学堂等，还办起师范、军医、马医、军械、经理等军事专科学堂。在当时，北洋军学堂最多，影响最大。

袁世凯关于军事改革的思想和实践，对近现代军队建设有一定影响。

结束语

  以上分先秦、先秦诸子、秦汉、魏晋南北朝、隋唐五代、宋、辽金元、明和清 9 部分，介绍了中国历史上的兵学派别和 46 位兵家，重点为理论与实践相结合型的兵家，通过他们勾勒出兵家发展的轨迹。中国历史上值得介绍的兵家远不止此，但由于篇幅的限制，只能选择各个时期有代表性的、时代特色鲜明的、在兵家史上影响较大的人物略加讨论，同时适当考虑有影响的传世兵书的作者，以兼顾前人多以兵家称兵书作者这一传统。人物众多而入选者少，取舍之间颇费踌躇，见小失大恐亦难免。

  班固《汉书·艺文志》秉刘歆《七略》之意，分兵家为兵权谋家、兵形势家、兵阴阳家和兵技巧家 4种，这种分法始自西汉任宏。今天话说兵家，已不宜只作这样的分类，但这种分类法对我们介绍各位兵家的军事思想和军事艺术不无启发。班固说兵权谋家是"以正守国，以奇用兵，先计而后战，兼形势，包阴阳，用技巧者也"。换言之，兵权谋家是相当全面的兵家。这启发我们在介绍那些杰出的兵家时，注意挖掘他们光辉思想的多个层面。但我们不能要求所介绍的兵家都是全面的。他们中有的专擅突袭作战，以轻捷迅疾而制敌，犹如班固所谓兵形势家；有的善为城防设施，精于改进兵器，如班固所谓兵技巧家。对于这些兵家不能求全而论，只能重点介绍其优长之处，通过他们来揭示兵家思想的多个侧面。

我们的兵家史话只写到清末。从袁世凯以后直到现在，著名的军事人物层出不穷，他们多数具有新的时代特色，但传统的东西或多或少、或深或浅地存留在他们的军事思想中。任何一个兵家都不可能脱离他的民族的传统，任何一种新的思想和军事性创造都有一个对传统的东西的扬弃取舍、筛选过滤的过程。从这个意义上说，认识了解过去，实在是把握现在、创造未来的基础。通过对历代兵家思想的简略介绍，以提高一般读者的军事史知识水准，对加强国防教育起一点辅助作用，这是笔者由衷的希望。

认识已有的文明，去创造更辉煌的新文明。亲爱的读者朋友，让我们以此共勉。

1995 年 9 月 20 日于贵阳

《中国史话》总目录

系列名	序号	书　名	作　者	
物质文明系列（10种）	1	农业科技史话	李根蟠	
	2	水利史话	郭松义	
	3	蚕桑丝绸史话	刘克祥	
	4	棉麻纺织史话	刘克祥	
	5	火器史话	王育成	
	6	造纸史话	张大伟	曹江红
	7	印刷史话	罗仲辉	
	8	矿冶史话	唐际根	
	9	医学史话	朱建平	黄　健
	10	计量史话	关增建	
物化历史系列（28种）	11	长江史话	卫家雄	华林甫
	12	黄河史话	辛德勇	
	13	运河史话	付崇兰	
	14	长城史话	叶小燕	
	15	城市史话	付崇兰	
	16	七大古都史话	李遇春	陈良伟
	17	民居建筑史话	白云翔	
	18	宫殿建筑史话	杨鸿勋	
	19	故宫史话	姜舜源	
	20	园林史话	杨鸿勋	
	21	圆明园史话	吴伯娅	
	22	石窟寺史话	常　青	
	23	古塔史话	刘祚臣	
	24	寺观史话	陈可畏	
	25	陵寝史话	刘庆柱	李毓芳
	26	敦煌史话	杨宝玉	
	27	孔庙史话	曲英杰	
	28	甲骨文史话	张利军	
	29	金文史话	杜　勇	周宝宏

系列名	序号	书　名	作　者
物化历史系列（28种）	30	石器史话	李宗山
	31	石刻史话	赵　超
	32	古玉史话	卢兆荫
	33	青铜器史话	曹淑琴　殷玮璋
	34	简牍史话	王子今　赵宠亮
	35	陶瓷史话	谢端琚　马文宽
	36	玻璃器史话	安家瑶
	37	家具史话	李宗山
	38	文房四宝史话	李雪梅　安久亮
制度、名物与史事沿革系列（20种）	39	中国早期国家史话	王　和
	40	中华民族史话	陈琳国　陈　群
	41	官制史话	谢保成
	42	宰相史话	刘晖春
	43	监察史话	王　正
	44	科举史话	李尚英
	45	状元史话	宋元强
	46	学校史话	樊克政
	47	书院史话	樊克政
	48	赋役制度史话	徐东升
	49	军制史话	刘昭祥　王晓卫
	50	兵器史话	杨　毅　杨　泓
	51	名战史话	黄朴民
	52	屯田史话	张印栋
	53	商业史话	吴　慧
	54	货币史话	刘精诚　李祖德
	55	宫廷政治史话	任士英
	56	变法史话	王子今
	57	和亲史话	宋　超
	58	海疆开发史话	安　京

系列名	序号	书　名	作　者
交通与交流系列（13种）	59	丝绸之路史话	孟凡人
	60	海上丝路史话	杜　瑜
	61	漕运史话	江太新　苏金玉
	62	驿道史话	王子今
	63	旅行史话	黄石林
	64	航海史话	王　杰　李宝民　王　莉
	65	交通工具史话	郑若葵
	66	中西交流史话	张国刚
	67	满汉文化交流史话	定宜庄
	68	汉藏文化交流史话	刘　忠
	69	蒙藏文化交流史话	丁守璞　杨恩洪
	70	中日文化交流史话	冯佐哲
	71	中国阿拉伯文化交流史话	宋　岘
思想学术系列（21种）	72	文明起源史话	杜金鹏　焦天龙
	73	汉字史话	郭小武
	74	天文学史话	冯　时
	75	地理学史话	杜　瑜
	76	儒家史话	孙开泰
	77	法家史话	孙开泰
	78	兵家史话	王晓卫
	79	玄学史话	张齐明
	80	道教史话	王　卡
	81	佛教史话	魏道儒
	82	中国基督教史话	王美秀
	83	民间信仰史话	侯　杰　王小蕾
	84	训诂学史话	周信炎
	85	帛书史话	陈松长
	86	四书五经史话	黄鸿春

系列名	序号	书　名	作　者
思想学术系列（21种）	87	史学史话	谢保成
	88	哲学史话	谷　方
	89	方志史话	卫家雄
	90	考古学史话	朱乃诚
	91	物理学史话	王　冰
	92	地图史话	朱玲玲
文学艺术系列（8种）	93	书法史话	朱守道
	94	绘画史话	李福顺
	95	诗歌史话	陶文鹏
	96	散文史话	郑永晓
	97	音韵史话	张惠英
	98	戏曲史话	王卫民
	99	小说史话	周中明　吴家荣
	100	杂技史话	崔乐泉
社会风俗系列（13种）	101	宗族史话	冯尔康　阎爱民
	102	家庭史话	张国刚
	103	婚姻史话	张　涛　项永琴
	104	礼俗史话	王贵民
	105	节俗史话	韩养民　郭兴文
	106	饮食史话	王仁湘
	107	饮茶史话	王仁湘　杨焕新
	108	饮酒史话	袁立泽
	109	服饰史话	赵连赏
	110	体育史话	崔乐泉
	111	养生史话	罗时铭
	112	收藏史话	李雪梅
	113	丧葬史话	张捷夫

系列名	序号	书　名	作　者
近代政治史系列（28种）	114	鸦片战争史话	朱谐汉
	115	太平天国史话	张远鹏
	116	洋务运动史话	丁贤俊
	117	甲午战争史话	寇　伟
	118	戊戌维新运动史话	刘悦斌
	119	义和团史话	卞修跃
	120	辛亥革命史话	张海鹏　邓红洲
	121	五四运动史话	常丕军
	122	北洋政府史话	潘　荣　魏又行
	123	国民政府史话	郑则民
	124	十年内战史话	贾　维
	125	中华苏维埃史话	杨丽琼　刘　强
	126	西安事变史话	李义彬
	127	抗日战争史话	荣维木
	128	陕甘宁边区政府史话	刘东社　刘全娥
	129	解放战争史话	朱宗震　汪朝光
	130	革命根据地史话	马洪武　王明生
	131	中国人民解放军史话	荣维木
	132	宪政史话	徐辉琪　付建成
	133	工人运动史话	唐玉良　高爱娣
	134	农民运动史话	方之光　龚　云
	135	青年运动史话	郭贵儒
	136	妇女运动史话	刘　红　刘光永
	137	土地改革史话	董志凯　陈廷煊
	138	买办史话	潘君祥　顾柏荣
	139	四大家族史话	江绍贞
	140	汪伪政权史话	闻少华
	141	伪满洲国史话	齐福霖

系列名	序号	书名	作者
近代经济生活系列（17种）	142	人口史话	姜涛
	143	禁烟史话	王宏斌
	144	海关史话	陈霞飞　蔡渭洲
	145	铁路史话	龚云
	146	矿业史话	纪辛
	147	航运史话	张后铨
	148	邮政史话	修晓波
	149	金融史话	陈争平
	150	通货膨胀史话	郑起东
	151	外债史话	陈争平
	152	商会史话	虞和平
	153	农业改进史话	章楷
	154	民族工业发展史话	徐建生
	155	灾荒史话	刘仰东　夏明方
	156	流民史话	池子华
	157	秘密社会史话	刘才赋
	158	旗人史话	刘小萌
近代中外关系系列（13种）	159	西洋器物传入中国史话	隋元芬
	160	中外不平等条约史话	李育民
	161	开埠史话	杜语
	162	教案史话	夏春涛
	163	中英关系史话	孙庆
	164	中法关系史话	葛夫平
	165	中德关系史话	杜继东
	166	中日关系史话	王建朗
	167	中美关系史话	陶文钊
	168	中俄关系史话	薛衔天
	169	中苏关系史话	黄纪莲
	170	华侨史话	陈民　任贵祥
	171	华工史话	董丛林

系列名	序号	书 名	作 者
近代精神文化系列（18种）	172	政治思想史话	朱志敏
	173	伦理道德史话	马 勇
	174	启蒙思潮史话	彭平一
	175	三民主义史话	贺 渊
	176	社会主义思潮史话	张 武　张艳国　喻承久
	177	无政府主义思潮史话	汤庭芬
	178	教育史话	朱从兵
	179	大学史话	金以林
	180	留学史话	刘志强　张学继
	181	法制史话	李 力
	182	报刊史话	李仲明
	183	出版史话	刘俐娜
	184	科学技术史话	姜 超
	185	翻译史话	王晓丹
	186	美术史话	龚产兴
	187	音乐史话	梁茂春
	188	电影史话	孙立峰
	189	话剧史话	梁淑安
近代区域文化系列（二种）	190	北京史话	果鸿孝
	191	上海史话	马学强　宋钻友
	192	天津史话	罗澍伟
	193	广州史话	张 苹　张 磊
	194	武汉史话	皮明庥　郑自来
	195	重庆史话	隗瀛涛　沈松平
	196	新疆史话	王建民
	197	西藏史话	徐志民
	198	香港史话	刘蜀永
	199	澳门史话	邓开颂　陆晓敏　杨仁飞
	200	台湾史话	程朝云

《中国史话》主要编辑
出版发行人

总 策 划　谢寿光　　王　正

执行策划　杨　群　　徐思彦　　宋月华

　　　　　梁艳玲　　刘晖春　　张国春

统　　筹　黄　丹　　宋淑洁

设计总监　孙元明

市场推广　蔡继辉　　刘德顺　　李丽丽

责任印制　岳　阳